Impressum
Verlag: BABADADA GmbH, Nedderfeld 112 , 22529 Hamburg
Geschäftsführer / Verlagsleitung: Harald Hof
Druck: Books on Demand GmbH, In de Tarpen 42, 22848 Norderstedt

Imprint
Publisher: BABADADA GmbH, Nedderfeld 112 , 22529 Hamburg, Germany
Managing Director / Publishing direction: Harald Hof
Print: Books on Demand GmbH, In de Tarpen 42, 22848 Norderstedt

1

sekoly
σχολείο

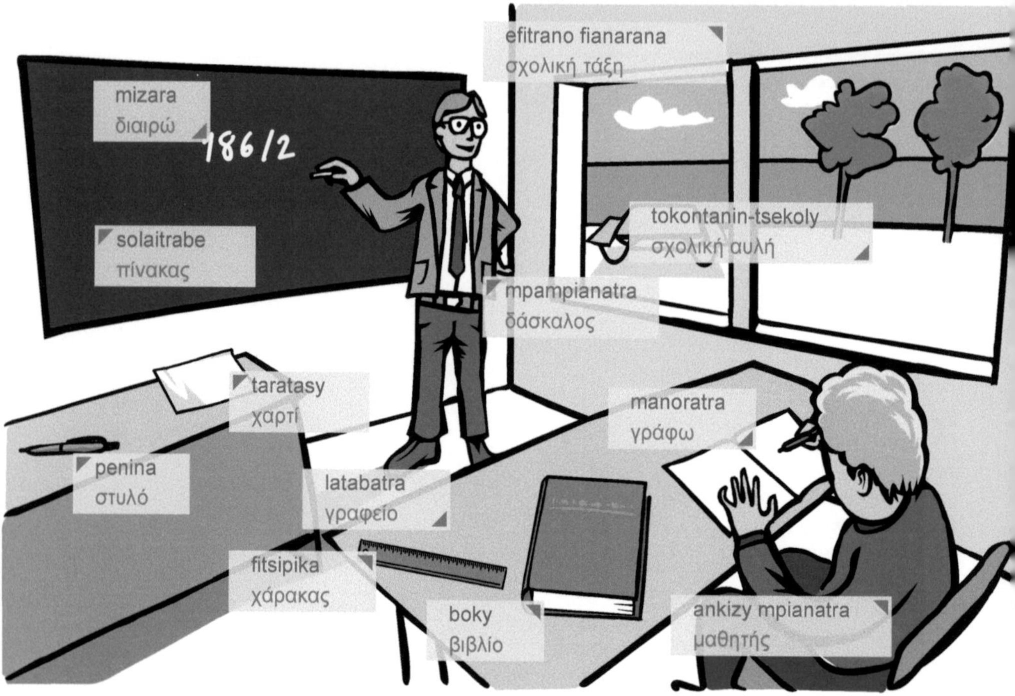
efitrano fianarana
σχολική τάξη
mizara
διαιρώ
186/2
solaitrabe
πίνακας
tokontanin-tsekoly
σχολική αυλή
mpampianatra
δάσκαλος
taratasy
χαρτί
manoratra
γράφω
penina
στυλό
latabatra
γραφείο
fitsipika
χάρακας
boky
βιβλίο
ankizy mpianatra
μαθητής

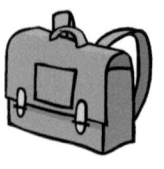

kitapo

σχολική τσάντα

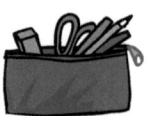

torosy

κασετίνα/ μολυβοθήκη

pensilihazo

μολύβι

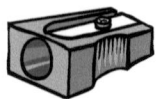

fandrangitana pensilihazo

ξύστρα

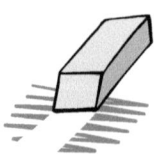

gaoma

γόμα

karne fanaovana sary

μπλοκ ζωγραφικής

sary
ζωγραφική

borosy fandokoana
πινέλο

boaty loko
κουτί χρωμάτων

hety
ψαλίδι

lakaoly
κόλλα

kahie fampiasàna
τετράδιο ασκήσεων

enti-mody
εργασία για το σπίτι

tarehi-marika
αριθμός

manampy
προσθέτω

manala
αφαιρώ

mampitombo
πολλαπλασιάζω

mikajy
υπολογίζω

taratasy
γράμμα

abidia
αλφάβητο

teny
λέξη

lahatsoratra

κείμενο

mamaky

διαβάζω

tsaoka

κιμωλία

lesona

μάθημα

boky fianarana

εγγράφομαι

fanadinana

τεστ

sertifikà

πιστοποιητικό

fanamian'ny mpianatra

μαθητική στολή

fiofanana

εκπαίδευση

raki-pahalalana

εγκυκλοπαίδεια

oniversite

πανεπιστήμιο

mikraoskaopy

μικροσκόπιο

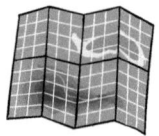

sarintany

χάρτης

fanariana fako taratasy

καλάθι αχρήστων

fitsangatsanganana
ταξίδι

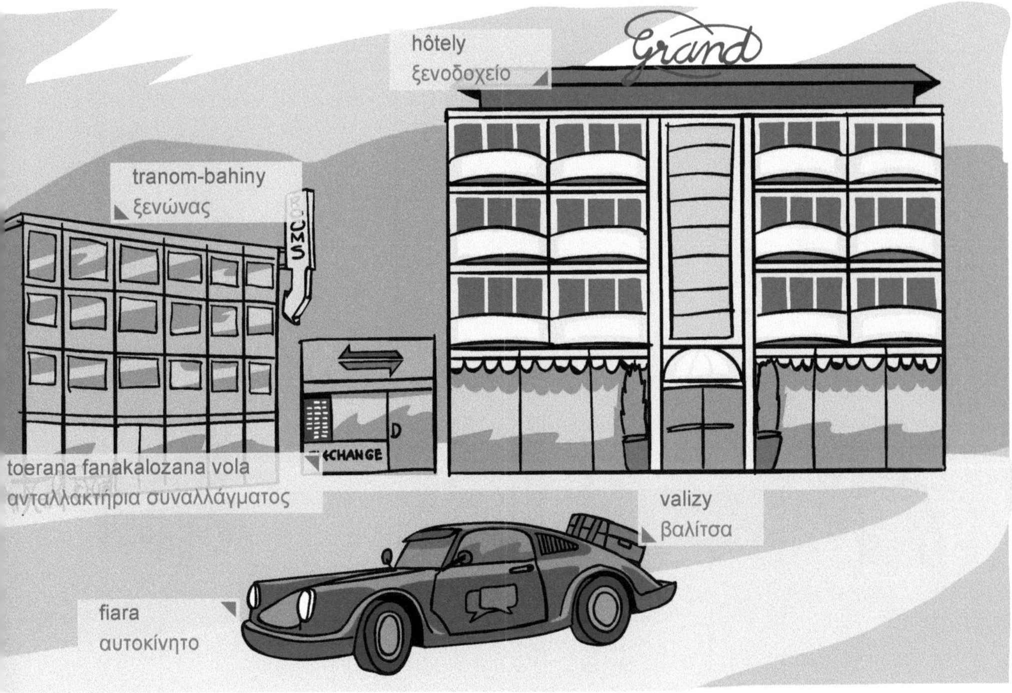

hôtely
ξενοδοχείο
Grand
tranom-bahiny
ξενώνας
ROOMS
toerana fanakalozana vola
ανταλλακτήρια συναλλάγματος
EXCHANGE
valizy
βαλίτσα
fiara
αυτοκίνητο

fiteny

γλώσσα

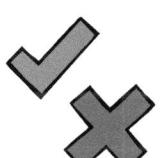

eny / tsia

ναι / όχι

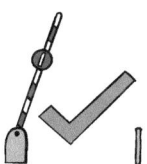

Eny àry

εντάξει

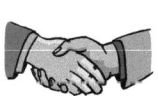

salama

γεια σου

mpandika teny

μεταφραστής

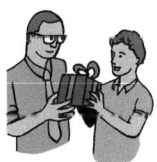

Misaotra

Ευχαριστώ

ohatrin̈ona...?

πόσο κάνει ;

Tsy azoko izany

Δε καταλαβαίνω

olana

πρόβλημα

Salama ô!

Καλησπέρα!

Arahaba tra-maraina e!

Καλημέρα!

Tsara mandry ô!

Καληνύχτα!

veloma

Αντίο

fitantanana

κατεύθυνση

entan'ny mpandeha

αποσκευές

harona

τσάντα

kitapo

σακίδιο πλάτης

vahiny

καλεσμένος

efitrano

δωμάτιο

fandriana enti-tànana

υπνόσακος

tanty

σκηνή

birao miandraikitra ny fizahantany
ουριστικές πληροφορίες

moron-tsiraka
παραλία

fahana amin'ny karatra
πιστωτική κάρτα

sakafo maraina
πρωινό

sakafo atoandro
μεσημεριανό

sakafo hariva
δείπνο

tapakila
εισιτήριο

ascenseur
ανελκυστήρας

hajia
γραμματόσημο

tany manasaraka
σύνορα

fadin-tseranana
τελωνείο

ambasady
πρεσβεία

visa
βίζα

pasipaoro
διαβατήριο

fitaterana

μεταφορά

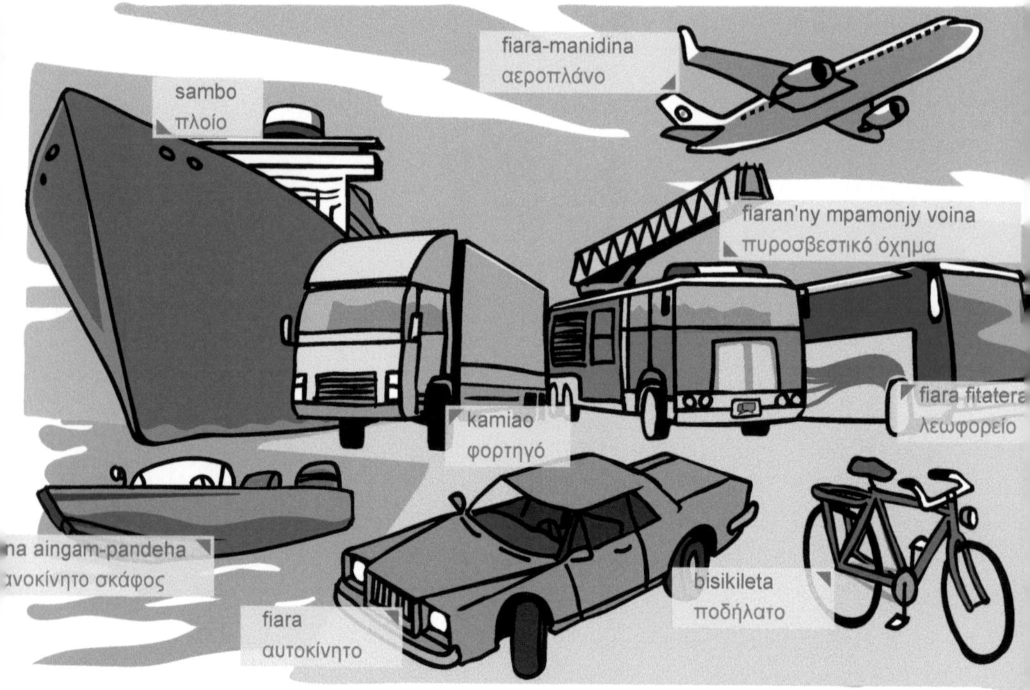
sambo
πλοίο
fiara-manidina
αεροπλάνο
fiaran'ny mpamonjy voina
πυροσβεστικό όχημα
fiara fitatera
λεωφορείο
kamiao
φορτηγό
na aingam-pandeha
νοκίνητο σκάφος
bisikileta
ποδήλατο
fiara
αυτοκίνητο

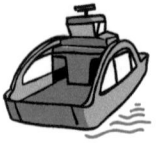

sambobe

φεριμπότ

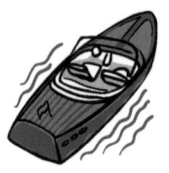

sambo

βάρκα

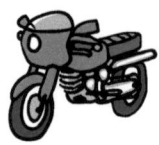

môtô

μοτοσικλέτα

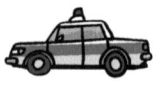

fiaran'ny polisy

περιπολικό

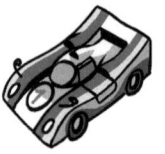

fiara mpihazakazaka

αγωνιστικό αυτοκίνητο

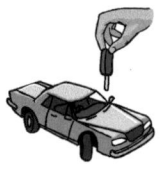

fiara fanofa

ενοικιαζόμενο αυτοκίνητο

zara fiara

αμοιρασμός αυτοκινήτων

fiara etsy babeko

γερανός

fiara mpitatitra fako

απορριμματοφόρο

môtera

κινητήρας

solika

καύσιμο

tobin-tsolika

βενζινάδικο

tondro fifamoivoizana

πινακίδα σήμανσης

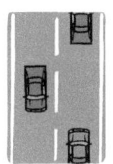

fifamoivoizana

κυκλοφορία

fitohanan'ny fifamoivoizana

κυκλοφοριακή συμφόρηση

fitobian'ny fiara

χώρος στάθμευσης

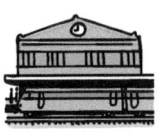

fiantsonan'ny fiaran-dalamby

σιδηροδρομικός σταθμός

lalamby

σιδηροδρομικές γραμμές

fiaran-dalamby

τρένο

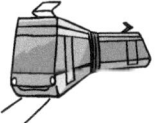

tramway

τραμ

kalesy

βαγόνι

angidimby

ελικόπτερο

seranam-piaramanidina

αεροδρόμιο

tilikambo

πύργος

mpandeha

επιβάτης

kaontenera

εμπορευματοκιβώτιο

baoritra

χαρτοκιβώτιο

chariot

καρότσι

harona

καλάθι

miainga / midina

απογειώνομαι /
προσγειόνομαι

renivohitra
πόλη

ambanivohitra

χωριό

afovoan-tanàna

κέντρο της πόλης

trano

σπίτι

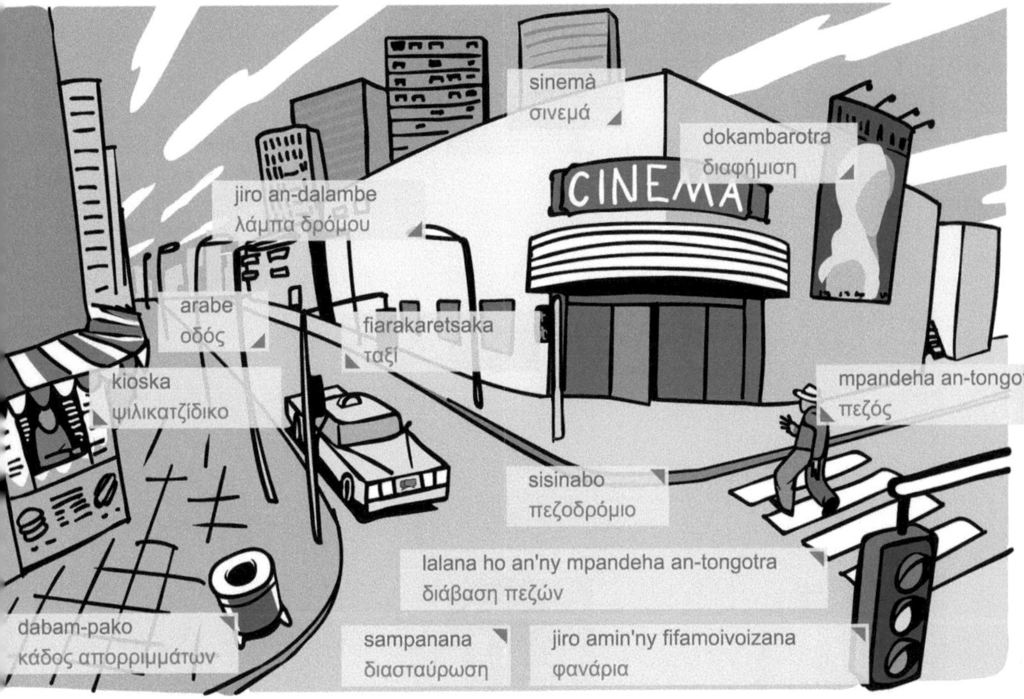

sinemà
σινεμά

dokambarotra
διαφήμιση

jiro an-dalambe
λάμπα δρόμου

arabe
οδός

fiarakaretsaka
ταξί

kioska
ψιλικατζίδικο

mpandeha an-tongo
πεζός

sisinabo
πεζοδρόμιο

lalana ho an'ny mpandeha an-tongotra
διάβαση πεζών

dabam-pako
κάδος απορριμμάτων

sampanana
διασταύρωση

jiro amin'ny fifamoivoizana
φανάρια

trano bongo
καλύβα

tranobe
διαμέρισμα

fiantsonan'ny fiaran-
dalamby
σιδηροδρομικός σταθμός

firaisana
δημαρχείο

donia
μουσείο

sekoly
σχολείο

oniversite

πανεπιστήμιο

banky

τράπεζα

hopitaly

νοσοκομείο

hôtely

ξενοδοχείο

farmasia

φαρμακείο

birao

γραφείο

fivarotam-boky

βιβλιοπωλείο

fivarotana

κατάστημα

mpivarotra voninkazo

ανθοπωλείο

supermarché

σούπερ μάρκετ

tsena

αγορά

tranobe fivarotana

πολυκατάστημα

mpivarotra trondro

ιχθυοπωλείο

toeram-pivarotana lehibe

εμπορικό κέντρο

seranana

λιμάνι

valan-javaboary

πάρκο

latabatra

παγκάκι

tetezana

γέφυρα

totohatra

σκάλες

metrô

μετρό

tonelina

τούνελ

fiantsonan'ny fiara
mpitondra olona

στάση λεωφορείου

bara

μπαρ

toeram-pisakafoanana

εστιατόριο

boatin-taratasy paositra

γραμματοκιβώτιο

famantarana an-arabe

πινακίδα δρόμου

parcmètre

παρκόμετρο

valan-javaboary

ζωολογικός κήπος

dobo filomanosana

πισίνα

moskea

τζαμί

toeram-pambolena

αγρόκτημα

loto

ρύπανση

fasana

νεκροταφείο

trano fiangonana

εκκλησία

tokontany filalaovana

παιδική χαρά

tempoly

ναός

endritany

τοπίο

ravina
φύλλο

tondro famantarana
πινακίδα κατεύθυνσης

làlana
δρόμος

kijana
λιβάδι

vato
πέτρα

mpihani-bohitra
πεζοπόρος

hazo
δέντρο

renirano
ποτάμι

bozaka
χορτάρι

voninkazo
λουλούδι

lemaka
κοιλάδα

vohitra
λόφος

laka
λίμνη

ala
δάσος

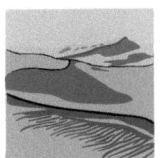

tany hay
έρημος

volkano
ηφαίστειο

rova
κάστρο

avana
ουράνιο τόξο

holatra
μανιτάρι

hazom-boanio
φοίνικας

moka
κουνούπι

lalitra
μύγα

vitsika
μυρμήγκι

tantely
μέλισσα

hala
αράχνη

voangory

σκαθάρι

sahona

βάτραχος

vontsira

σκίουρος

trandraka

σκαντζόχοιρος

bitro

λαγός

vorondolo

κουκουβάγια

vorona

πουλί

gisabe

κύκνος

lambo

αγριογούρουνο

cerf

ελάφι

voalavo

άλκη

toha-drano

φράγμα

helisy ahodin-drivotra

ανεμογεννήτρια

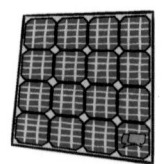

takela-masoandro

ηλιακός συλλέκτης

toetr'andro

κλίμα

toeram-pisakafoanana

εστιατόριο

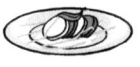

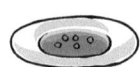

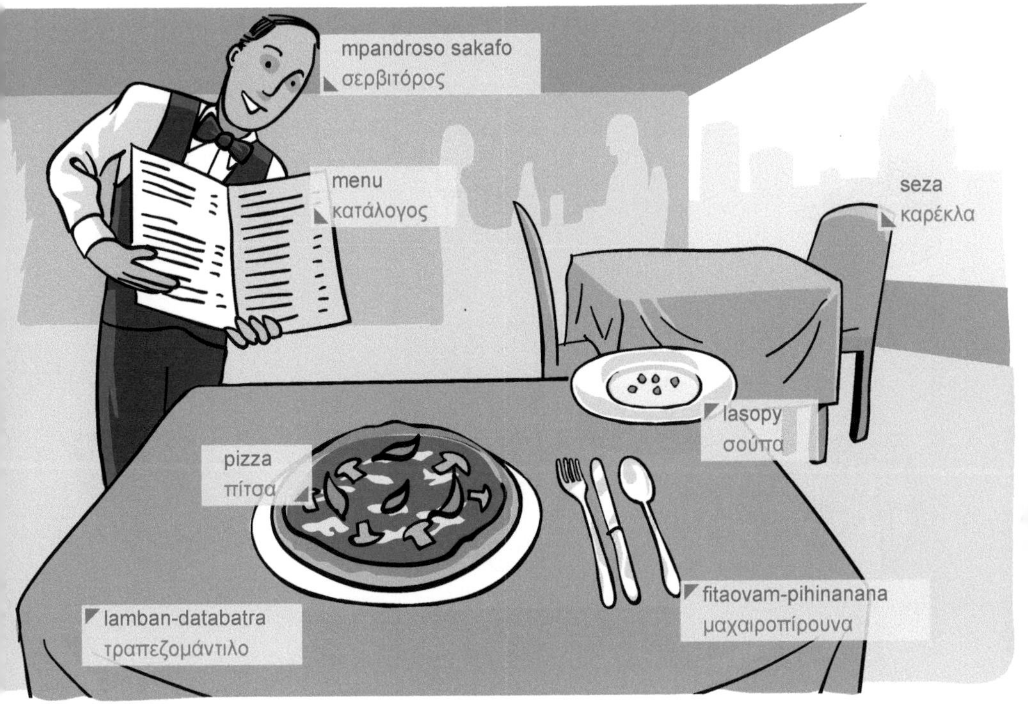

mpandroso sakafo
σερβιτόρος
menu
κατάλογος
seza
καρέκλα
lasopy
σούπα
pizza
πίτσα
fitaovam-pihinanana
μαχαιροπίρουνα
lamban-databatra
τραπεζομάντιλο

entrée

ορεκτικό

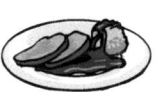

sakafo fototra

κύριο πιάτο

desera

επιδόρπιο

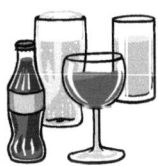

zava-pisotro

ποτά

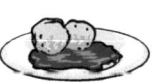

sakafo

φαγητό

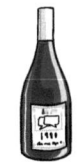

tavoahangy

μπουκάλι

fast food

φαστ φουντ

sakafo an-dalambe

φαγητό στ' όρθιο

fitoerana dite

τσαγιέρα

fitoeran-tsiramamy

δοχείο ζάχαρης

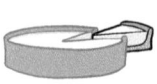

singany

μερίδα

milina espresso

μηχανή εσπρέσο

seza avo

ψηλή καρέκλα

faktiora

λογαριασμός

lovia fandrosoana sakafo

δίσκος

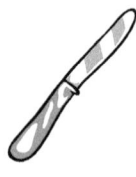

antsy

μαχαίρι

sotrorovitra

πιρούνι

sotro

κουτάλι

sotrokely

κουταλάκι του τσαγιού

servieta

πετσέτα φαγητού

vera

ποτήρι

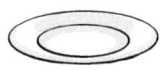

vilia

πιάτο

vilian-dasopy

πιάτο σούπας

vilia bory

πιατάκι φλιτζανιού

saosy

σάλτσα

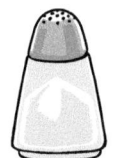

fitoeran-tsira

αλατιέρα

milina dipoavatra

μύλος για πιπέρι

vinaingitra

ξύδι

solika

λάδι

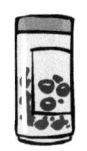

zava-manitra

μπαχαρικά

ketchup

κέτσαπ

voan-tsinapy

μουστάρδα

maionezy

μαγιονέζα

supermarché

σούπερ μάρκετ

fihenam-bidy
προσφορά
FOR
mpividy
πελάτης
sakafo avy amin'ny ronono
γαλακτοκομικά προϊόντα
voankazo
φρούτα
chariot
καρότσι για ψώνια

BUTCHERS

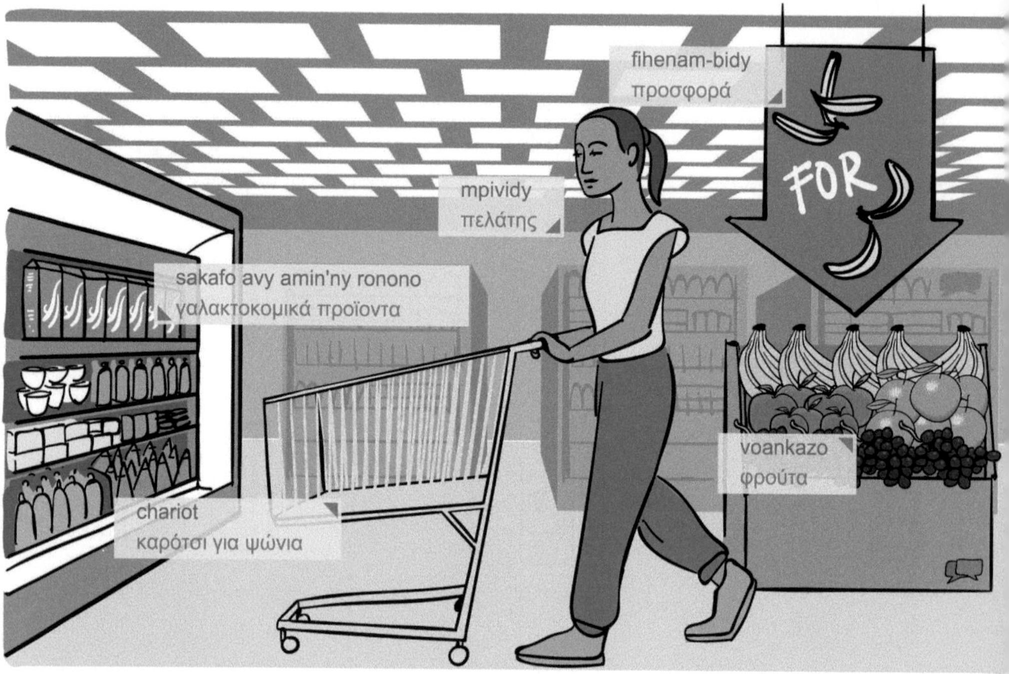

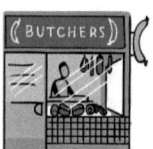

mpivaro-kena

κρεοπωλείο

BAKERY

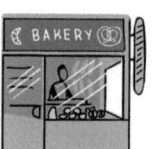

mpivarotra mofo

φούρνος

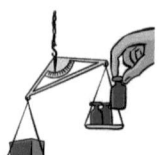

mandanja

ζυγίζω

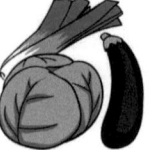

legioma

λαχανικά

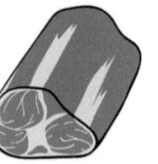

hena

κρέας

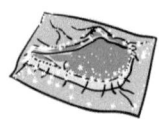

sakafo nampangatsiahana

κατεψυγμένα τρόφιμα

hena voahendy

αλλαντικά

sakafo am-by fotsy

κονσερβοποιημένη τροφή

vovon-tsavony

απορρυπαντικό ρούχων

vatomamy

γλυκά

fitaovana an-tokatrano

οικιακά είδη

fitaovana fanadiovana

καθαριστικά προϊόντα

mpivarotra

πωλήτρια

toerana fandoavam-bola

ταμείο

mpandray vola

ταμίας

isitry ny zavatra vidiana

λίστα για ψώνια

ora fiasana

ωράριο λειτουργίας

portefeuille

πορτοφόλι

fahana amin'ny karatra

πιστωτική κάρτα

harona

τσάντα

harona plastika

πλαστική σακούλα

rano

νερό

ranom-boankazo

χυμός

ronono

γάλα

coca

κόκα κόλα

divay

κρασί

labiera

μπίρα

toaka

αλκοόλ

sôkôlà mafana

κακάο

dite

τσάι

kafe

καφές

espresso

εσπρέσο

cappuccino

καπουτσίνο

akondro

μπανάνα

paoma

μήλο

laoranjy

πορτοκάλι

voatango

πεπόνι

voasarimakirana

λεμόνι

karaoty

καρότο

tongolo gasy

σκόρδο

volobe

μπαμπού

tongolo

κρεμμύδι

holatra

μανιτάρι

voamaina

ξηροί καρποί

paty

νουντλς

spaghetti

μακαρόνια

vary

ρύζι

salady

σαλάτα

ovy frity

πατατάκια

ovy voaendy

τηγανητές πατάτες

pizza

πίτσα

hamburger

χάμπουργκερ

sandwich

σάντουιτς

didin-kena

κοτολέτα

lambo sira

ζαμπόν

salami

σαλάμι

saosisy

λουκάνικο

akoho

κοτόπουλο

hena mendy

ψητό

trondro

ψάρι

varin-tsoavaly

χυλός βρώμης

muesli

μούσλι

cornflakes

κορν φλέικς

lafarinina

αλεύρι

croissant

κρουασάν

mofodipaina kely

ψωμάκι

mofo

ψωμί

mofo natono

τοστ

bisky

μπισκότα

dobera

βούτυρο

fromazy fotsy

τυρόπηγμα

mofomamy

κέικ

atody

αυγό

atody nendasina

τηγανητό αυγό

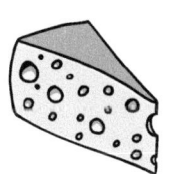

fromazy

τυρί

lagilasy

παγωτό

siramamy

ζάχαρη

tantely

μέλι

kaonfitira

μαρμελάδα

crème nougat

άλλειμμα σοκολάτας

curry

κάρυ

toeram-pambolena
αγρόκτημα

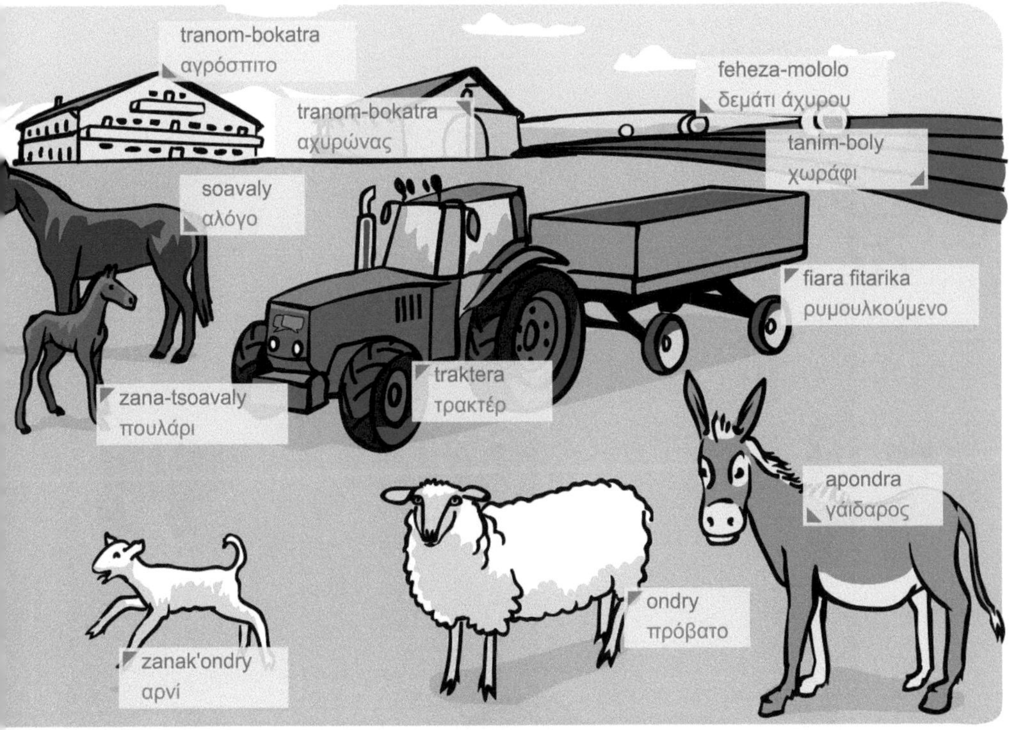

tranom-bokatra
αγρόσπιτο
tranom-bokatra
αχυρώνας
feheza-mololo
δεμάτι άχυρου
tanim-boly
χωράφι
soavaly
αλόγο
fiara fitarika
ρυμουλκούμενο
traktera
τρακτέρ
zana-tsoavaly
πουλάρι
apondra
γάιδαρος
ondry
πρόβατο
zanak'ondry
αρνί

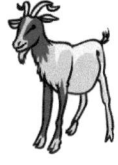

osy

κατσίκα

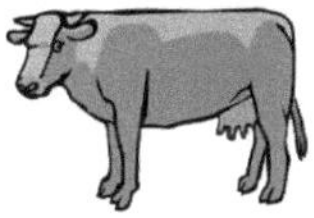

omby vavy

αγελάδα

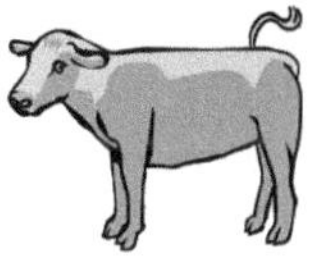

omby

μοσχαράκι

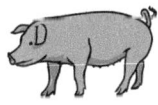

kisoa

γουρούνι

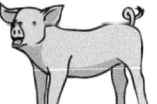

zana-kisoa

γουρουνάκι

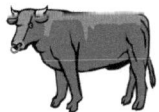

omby

ταύρος

gisa

χήνα

gana

πάπια

zanak'akoho

κοτοπουλάκι

akoho vavy

κότα

akoho lahy

κόκορας

voalavo

αρουραίος

saka

γάτα

voalavo tondro

ποντίκι

omby

βόδι

alika

σκύλος

tranon'alika

σπιτάκι σκύλου

fantsona fanondrahana rano

λάστιχο κήπου

fanondrahana

ποτιστήρι

antsy biloka

θεριστήρι

angadin'omby

αλέτρι

antsim-bilona
δρεπάνι

antsetra
τσάπα

farango vy
δίκρανο

famaky
τσεκούρι

borety
χειράμαξα

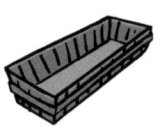

dababe
ταΐστρα

boatin-dronono
δοχείο γάλακτος

harona
σάκος

fefy
φράχτης

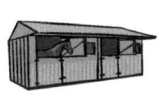

tranom-biby
στάβλος

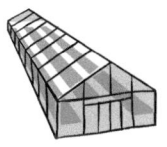

talatalan-jaridaina
θερμοκήπιο

tany
έδαφος

ambeoka
σπόρος

zezika
λίπασμα

milina mpijinja vokatra
θεριζοαλωνιστική μηχανή

vokatra

θερίζω

vokatra

συγκομιδή

saonjo

γιαμς

varimbazaha

σιτάρι

saozaha

σόγια

ovy

πατάτα

katsaka

καλαμπόκι

colza

κράμβη

hazo fihinam-boa

οπωροφόρο δέντρο

mangahazo

μανιόκα

voamadinika

δημητριακά

30   toeram-pambolena - αγρόκτημα

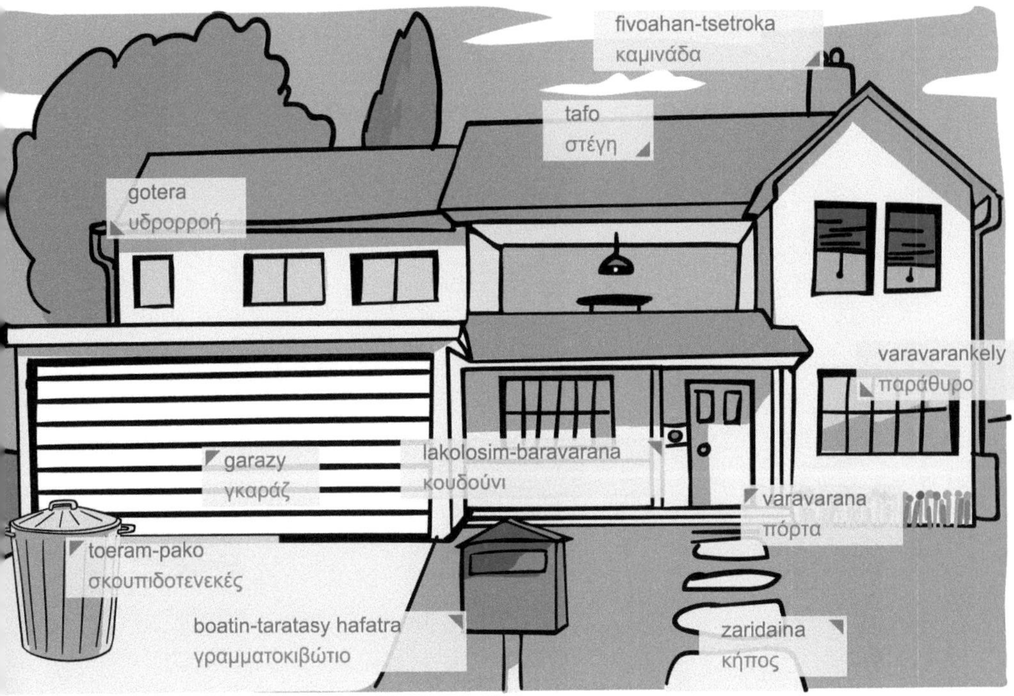

fivoahan-tsetroka
καμινάδα

tafo
στέγη

gotera
υδρορροή

varavarankely
παράθυρο

garazy
γκαράζ

lakolosim-baravarana
κουδούνι

varavarana
πόρτα

toeram-pako
σκουπιδοτενεκές

boatin-taratasy hafatra
γραμματοκιβώτιο

zaridaina
κήπος

efitra fandraisam-bahiny

σαλόνι

efitra fandroana

μπάνιο

lakozia

κουζίνα

efitra fatoriana

υπνοδωμάτιο

efitranon'ny ankizy

παιδικό δωμάτιο

efi-trano fisakafoanana

τραπεζαρία

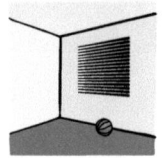

tany

πάτωμα

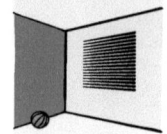

rindrina

τοίχος

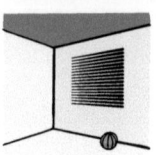

valindrihana

οροφή

lakavy

κελάρι

sauna

σάουνα

tsimahalavo

μπαλκόνι

lavarangana

βεράντα

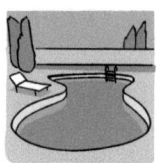

dobo filomanosana

πισίνα

mpanapaka bozaka

μηχανή του γκαζόν

lambam-pandriana

σεντόνι

koety

κάλυμμα κρεβατιού

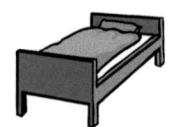

fandriana

κρεβάτι

kifafa

σκούπα

sô

κουβάς

interrupteur

διακόπτης

efitra fandraisam-bahiny
σαλόνι

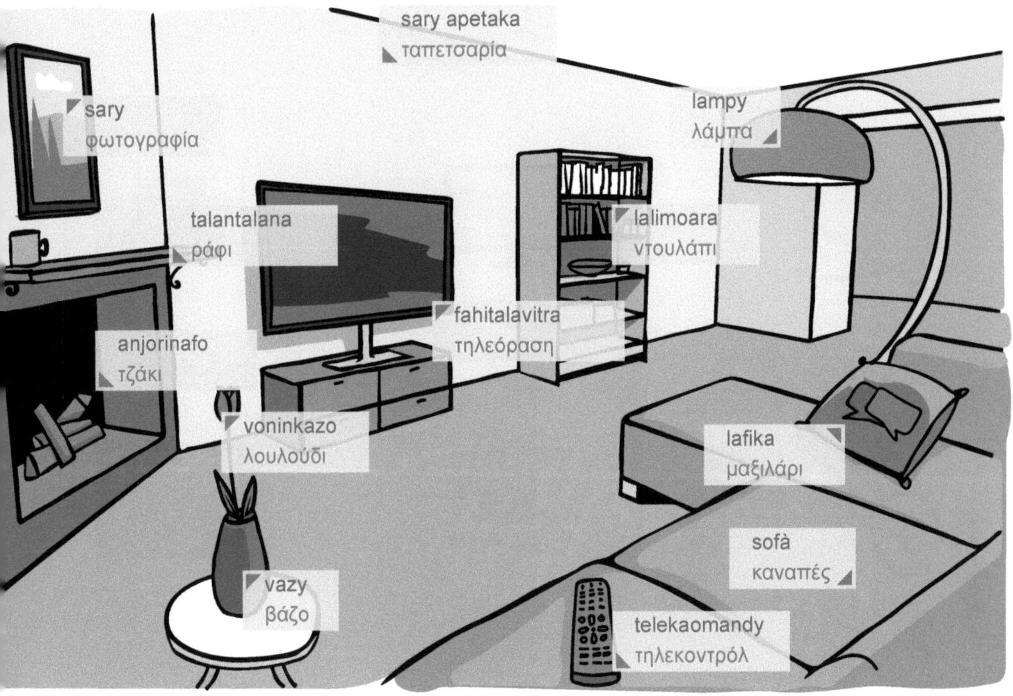

sary apetaka
ταπετσαρία
sary
φωτογραφία
lampy
λάμπα
talantalana
ράφι
lalimoara
ντουλάπι
fahitalavitra
τηλεόραση
anjorinafo
τζάκι
voninkazo
λουλούδι
lafika
μαξιλάρι
sofà
καναπές
vazy
βάζο
telekaomandy
τηλεκοντρόλ

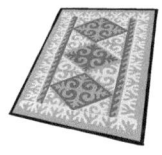

tapis
χαλί

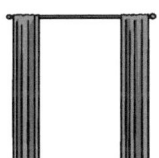

takom-baravarana
κουρτίνα

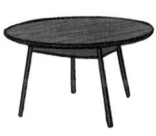

latabatra
τραπέζι

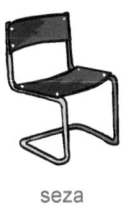

seza
καρέκλα

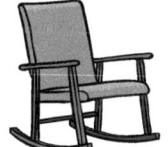

seza savily
κουνιστή πολυθρόνα

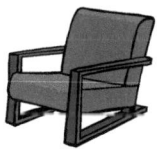

seza mihaja
πολυθρόνα

boky
βιβλίο

lamba firakotra
κουβέρτα

asa fandravahana
διακόσμηση

hazo fandrehitra
καυσόξυλα

horonantsary
ταινία

fitaovana hi-fi
στερεοφωνικό σύστημα

fanalahidy
κλειδί

gazety
εφημερίδα

loko
πίνακας ζωγραφικής

sary famantarana
αφίσα

radio
ραδιόφωνο

kahie fanao tadidy
σημειωματάριο

aspiratera
ηλεκτρική σκούπα

raketa
κάκτος

labozia
κερί

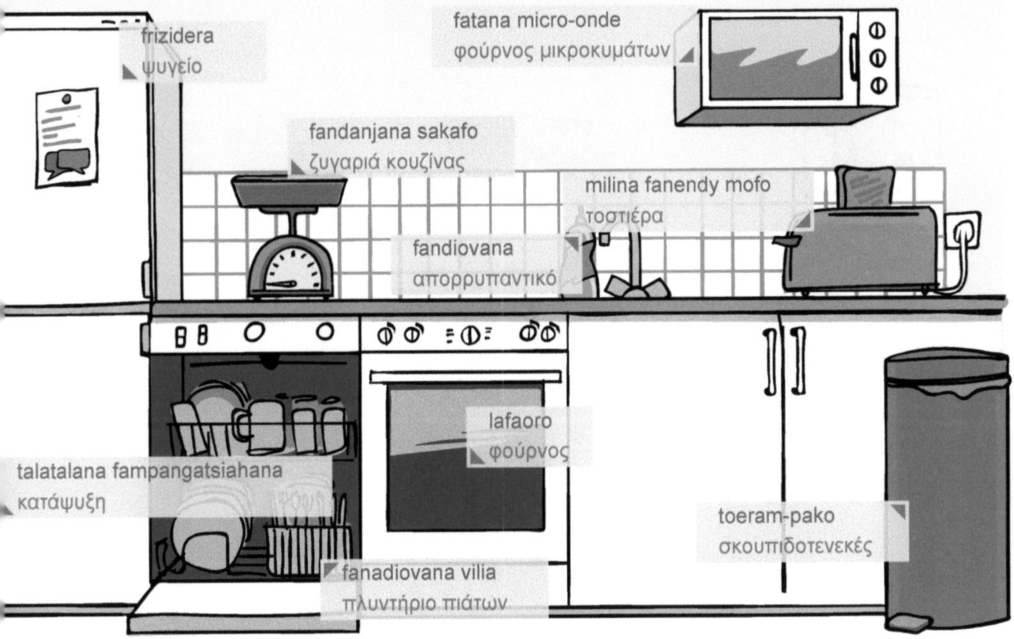

frizidera
ψυγείο

fatana micro-onde
φούρνος μικροκυμάτων

fandanjana sakafo
ζυγαριά κουζίνας

milina fanendy mofo
τοστιέρα

fandiovana
απορρυπαντικό

lafaoro
φούρνος

talatalana fampangatsiahana
κατάψυξη

toeram-pako
σκουπιδοτενεκές

fanadiovana vilia
πλυντήριο πιάτων

lafaoro

κουζίνα

vilany

κατσαρόλα

vilany vy

μαντεμένια κατσαρόλα

wok / kadai

γουόκ/καντάι

lapoaly

τηγάνι

**fitaovana fampangotrahana
rano**

βραστήρας

vilany mandeha entona

ατμομάγειρας

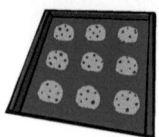

lovia fisaka

ταψί

fitaovan-dakozia

πιατικά

zinga

κούπα

vilia baolina

μπολ

hazokely fihinanana

ξυλάκια

sotrobe lavatango

κουτάλα

spatule

σπάτουλα

fanakapohana atody

ανακατεύω

fanatantavanana

σουρωτήρι

lovia sivana

σουρωτηράκι

fanakikisana

τρίφτης

laona

γουδί

kiendiendy

ψησταριά

fivoahan'ny setroka

ανοιχτή φωτιά

akalana fitetehana

σανίδα κοπής

kodia fandamàna koba

πλάστης

fisontonana bosoa

ανοιχτήρι φελλών

boaty

κονσέρβα

fanokafana boaty

ανοιχτήρι κονσέρβας

fitazomana vilany

γάντι φούρνου

lavabô

νεροχύτης

borosy

βούρτσα

spaonjy

σφουγγάρι

miksera

μπλέντερ

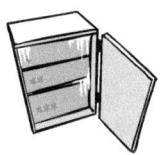

fitaovana fampangatsiahana

καταψύκτης

tavoahanginono

μπιμπερό

paompy

βρύση

efitra fandroana
μπάνιο

efitra fandroana
ντους
fanafanana
θέρμανση
servieta
πετσέτα
lamba fanakon'efitra fandroana
κουρτίνα ντουζ
menaka fandroana mandroatra
αφρόλουτρο
koveta fandroana
μπανιέρα
vera
ποτήρι
milina fanasana lamba
πλυντήριο ρούχων
paompy
βρύση
taila
πλακάκια
tavimandry
γιογιό
lavabô
νεροχύτης

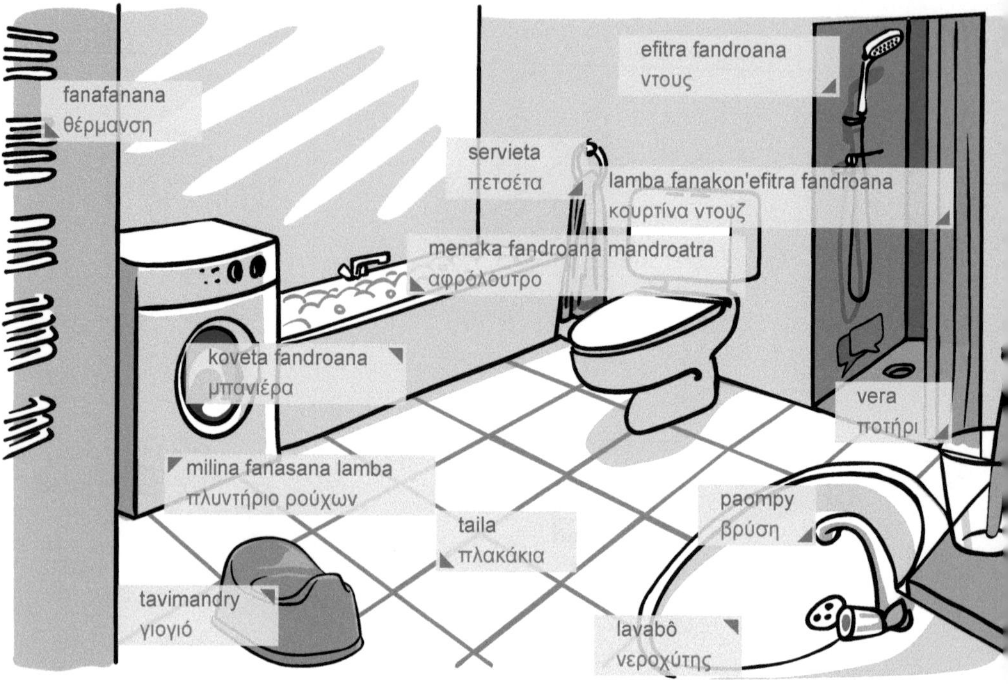

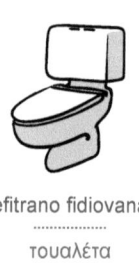

efitrano fidiovana

τουαλέτα

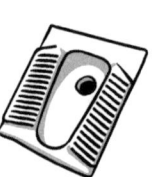

kabone mitsingo

τούρκικη τουαλέτα

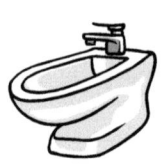

bidet

μπιντές

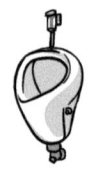

fipipizana

ουρητήριο

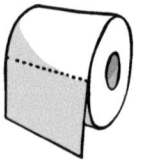

taratasy fidiovana

χαρτί υγείας

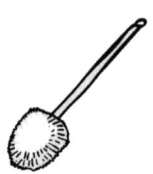

borosy fampiasa an-kabone

πιγκάλ

borosinify

οδοντόβουρτσα

famotsia-nify

οδοντόκρεμα

kofehy fanadiova-nify

οδοντικό νήμα

manasa

πλένω

fisaika enti-tànana

τηλέφωνο ντους

fanadiovana fivaviana

ντουσιέρα

kovetabe

λεκάνη

borosin-damosina

βούρτσα πλάτης

savony

σαπούνι

fampiasa rehefa misaika

αφρόλουτρο

shampoo

σαμπουάν

fonon-tànana enti-misaika

φανέλα

tsiranoka

σιφόνι

crème fanosotra

κρέμα

fanalana fofona

αποσμητικό

fitaratra

καθρέφτης

fitaratra fihaingo

καθρέφτης χειρός

hareza

ξυραφάκι

raotra fiharatra

αφρός ξυρίσματος

menaka haratra

αφτερσέιβ

fiogo

χτένα

borosy

βούρτσα

fitaovana fanamainam-bolo

σεσουάρ

atsifotra amin'ny volo

λακ

fikarakarana tarehy

μακιγιάζ

lokomena

κραγιόν

haingo hoho

βερνίκι νυχιών

vohavohan-dandihazo

βαμβάκι

fanapahana hoho

ψαλίδι νυχιών

ranomanitra

άρωμα

fitoerana fitaovana an-kabone

νεσεσέρ

sezabory

σκαμπό

fandanjana olona

ζυγαριά

akanjo enti-matory

μπουρνούζι

fonon-tànana enti-manadio

ελαστικά γάντια

servieta fanary

ταμπόν

lamba fampiasa amin'ny fadimbolana

πετσέτα υγιεινής

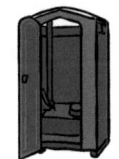

kabone simika

χημική τουαλέτα

efitranon'ny ankizy
παιδικό δωμάτιο

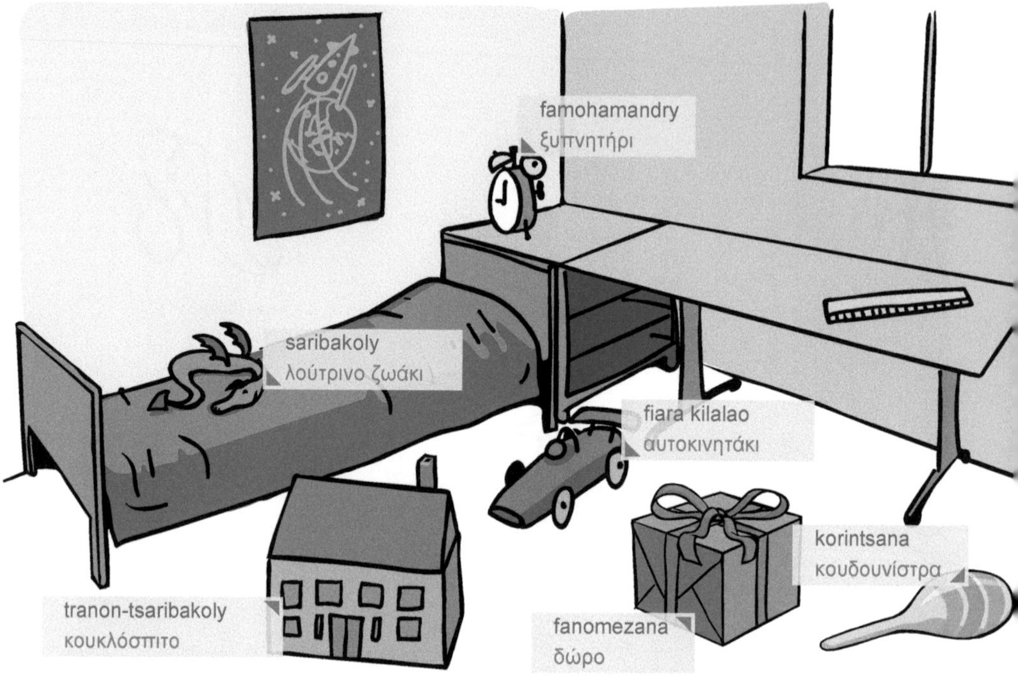
famohamandry
ξυπνητήρι
saribakoly
λούτρινο ζωάκι
fiara kilalao
αυτοκινητάκι
korintsana
κουδουνίστρα
tranon-tsaribakoly
κουκλόσπιτο
fanomezana
δώρο

balaonina

μπαλόνι

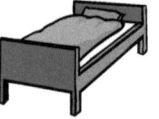

fandriana

κρεβάτι

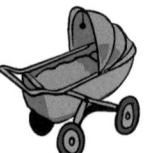

posety

καροτσάκι

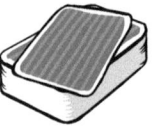

lalao karatra

τράπουλα

puzzle

παζλ

SUPER MEGA

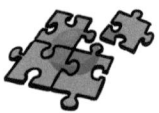

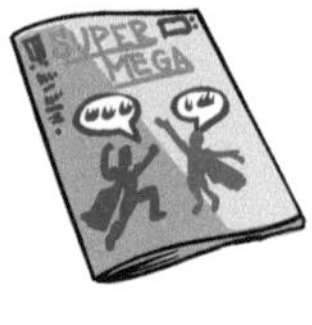

sariitatra

κόμικς

lalao legô

τουβλάκια lego

kilalao fananganana trano

τουβλάκια κατασκευών

sarivongana kely

φιγούρα δράσης

grenera

βρεφικό φορμάκι

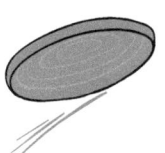

Frisbee

φρίσμπι

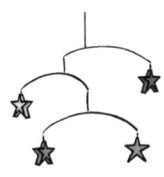

mobile

μόμπιλο

jeu de société

επιτραπέζιο παιχνίδι

kodiakely

ζάρια

lamasinina kely

σετ τρενάκι

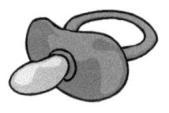

solonono

πιπίλα

fety

πάρτι

boky feno sary

εικονογραφημένο βιβλίο

baolina

μπάλα

saribakoly

κούκλα

milalao

παίζω

kovetam-pasika

σκάμμα με άμμο

savily

κούνια

kilalao

παιχνίδια

kilalao video

κονσόλα βιντεοπαιχνιδιών

tricycle

τρίκυκλο

teddy orsa

αρκουδάκι

fitoeran'akanjo

ντουλάπα

akanjo

ρούχα

bà kiraro

κάλτσες

bàn-tongotra

καλτσοδέτες

akanjo manara-batana

καλσόν

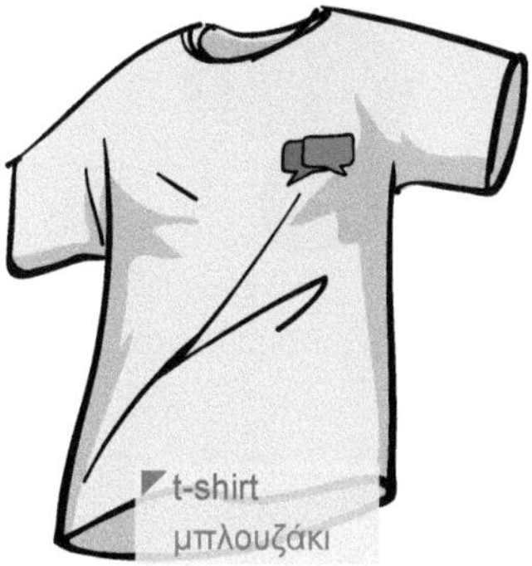

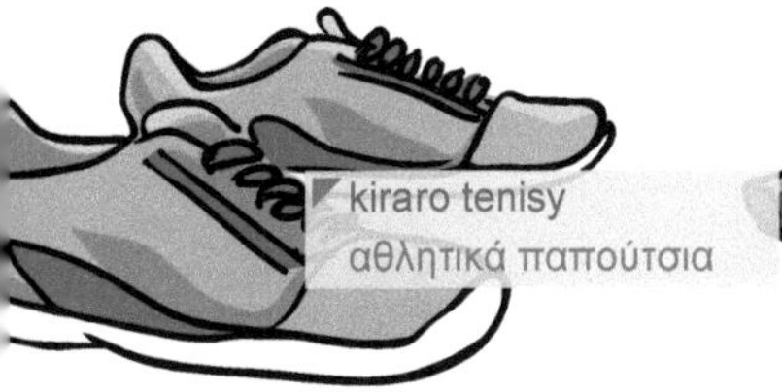

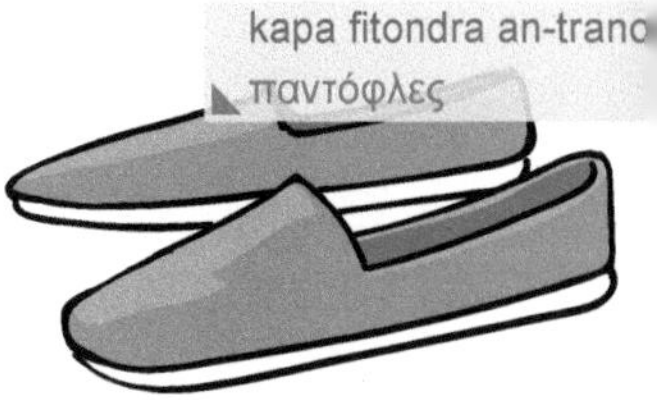

foloara
κασκόλ

fehin-kibo
ζώνη

elo
ομπρέλα

t-shirt
μπλουζάκι

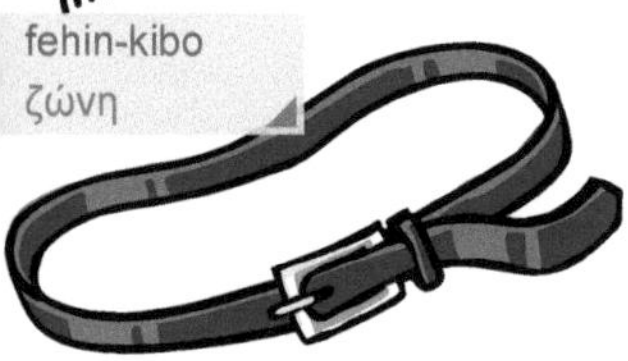

baoty
μπότες

kapa fitondra an-trano
παντόφλες

kiraro tenisy
αθλητικά παπούτσια

kapa

σανδάλια

kiraro

παπούτσια

baoty fingotra

γαλότσες

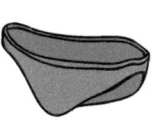

atinakanjo

εσώρουχο

tatinono

σουτιέν

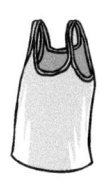

akanjo feno

φανέλα

vatana
σώμα

pataloha
παντελόνι

jean
τζιν παντελόνι

zipo
φούστα

akanjo ambony
μπλούζα

lobaka
πουκάμισο

pull
πουλόβερ

akanjo sarotro
πουλόβερ

palitao
σακάκι

palitao
μπουφάν

palitao
παλτό

akanjo aro-orana
αδιάβροχο πανωφόρι

akanjo fianjaika
κοστούμι

fitafim-behivavy
φόρεμα

akanjon'ny ampakarina
νυφικό

akanjo fianjaika

κοστούμι

akanjo-mandry

νυχτικό

pijamà

πιτζάμες

sari

σάρι

sarondoha

μαντήλι

turban

τουρμπάνι

burqa

μπούρκα

kaftan

καφτάνι

abaya

μουσουλμανικό ένδυμα

akanjo fitondra milomano

ολόσωμο μαγιό

akanjo fitondra milomano

ανδρικό μαγιό

pataloha fohy

σορτς

akanjo filena

αθλητική φόρμα

tablie

ποδιά

fonon-tànana

γάντια

bokotra

κουμπί

solomaso

γυαλιά

brasele

βραχιόλι

rojo

περιδέραιο

peratra

δαχτυλίδι

kavina

σκουλαρίκι

satroka

καπέλο

fanantonana palitao

κρεμάστρα

satroka

καπέλο

fehivozo

γραβάτα

hidikorisa

φερμουάρ

aroloha

κράνος

beritelo

τιράντες

fanamian'ny mpianatra

μαθητική στολή

fanamiana

στολή

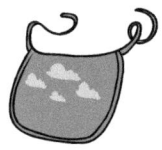

bavoara

σαλιάρα

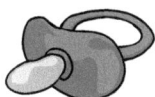

solonono

πιπίλα

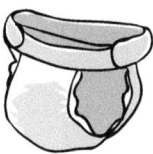

taty

πάνα

birao

γραφείο

serveur
σέρβερ
lalimoara fitahirizana
αρχειοθήκη
mpanao pirinty
εκτυπωτής
taratasy
χαρτί
efijoro
οθόνη
voalavo tondro
ποντίκι
latabatra
γραφείο
klasera
ντοσιέ
klavie
πληκτρολόγιο
seza
καρέκλα
fanariana fako taratasy
καλάθι αχρήστων
solosaina
υπολογιστής

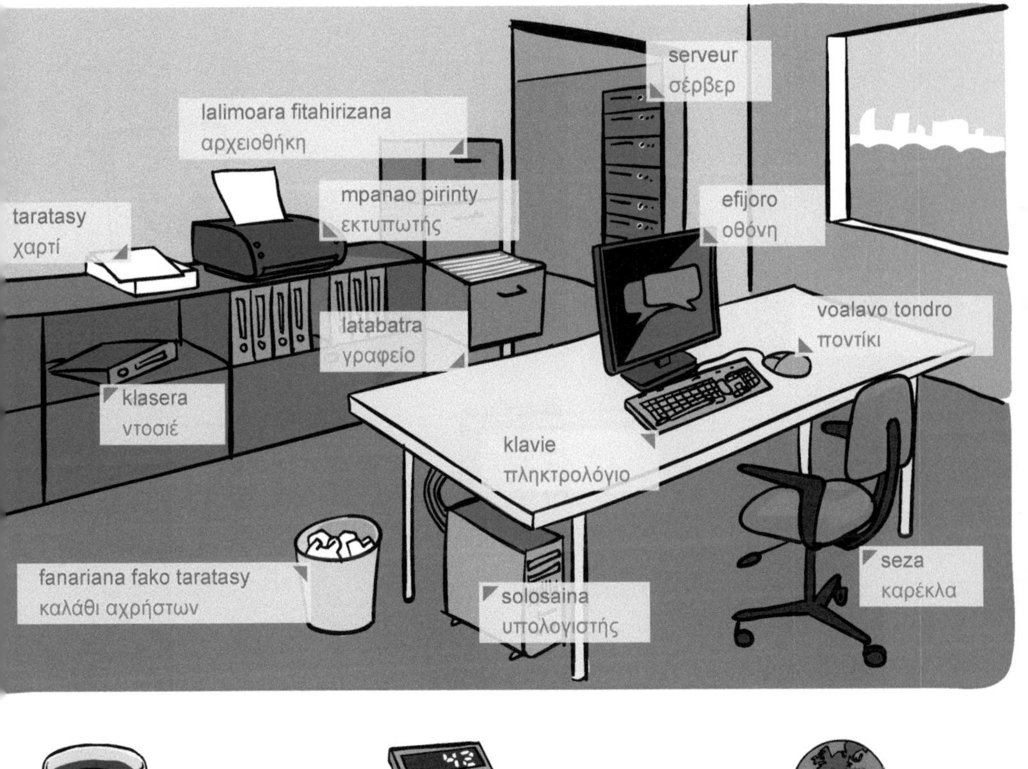

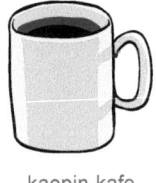

kaopin-kafe

κούπα του καφέ

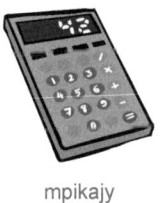

mpikajy

κομπιουτεράκι

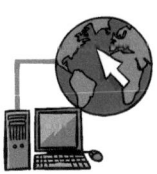

aterineto

ίντερνετ

solosaina maivana

λάπτοπ

taratasy

γράμμα

hafatra

μήνυμα

mobile

κινητό

tambajotra

δίκτυο

imprimante

φωτοτυπικό μηχάνημα

rindrambaiko

λογισμικό

finday

τηλέφωνο

prizy

πρίζα

fax

συσκευή φαξ

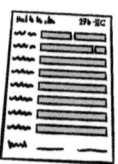

efitra fenoina

έντυπο

fehezan-taratasy

έγγραφο

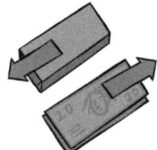

mividy

αγοράζω

mandoa vola

πληρώνω

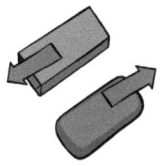

misera

συναλλάσσομαι

vola

χρήματα

dôlara

δολάριο

euro

ευρώ

yen

γιεν

rouble

ρούβλι

Franc suisse

ελβετικό φράγκο

renminbi yuan

ρενμίνμπι γιουάν

roupie

ρουπία

fangalàna vola

ΑΙΜ (αυτόματη ταμειακή
μηχανή)

toerana fanakalozana vola

ανταλλακτήρια συναλλάγματος

volamena

χρυσός

volafotsy

ασήμι

solika

πετρέλαιο

angovo

ενέργεια

vidiny

τιμή

fifanekena

συμβόλαιο

hetra

φόρος

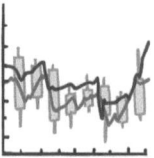

action borsa

μετοχή

miasa

δουλεύω

mpiasa

υπάλληλος

mpampiasa

εργοδότης

orinasa

εργοστάσιο

fivarotana

κατάστημα

mpitandro filaminana
αστυνόμος

mpamonjy voina
πυροσβέστης

mahandro
μάγειρας

dokotera
γιατρός

mpanamory
πιλότος

mpikarakara zaridaina

κηπουρός

mpandrafitra

ξυλουργός

vehivavy mpanjaitra

μοδίστρα

mpitsara

δικαστής

mpahay simia

χημικός

mpilalao sarimihetsika

ηθοποιός

mpamily fiara fitateram-
bahoaka

οδηγός λεωφορείου

mpamily fiarakaretsaka

ταξιτζής

mpanjono

ψαράς

vehivavy mpanadio

καθαρίστρια

mpanao tafo

τεχνίτης στεγών

mpandroso sakafo

σερβιτόρος

mpihaza

κυνηγός

mpandoko

ζωγράφος

mpanao mofo

αρτοποιός

elektrisianina

ηλεκτρολόγος

mpanao trano

οικοδόμος

injeniera

μηχανολόγος

mivaro-kena

κρεοπώλης

plombier

υδραυλικός

faktera

ταχυδρόμος

54   asa - επαγγέλματα

miaramila

στρατιώτης

mpanao mari-trano

αρχιτέκτονας

mpandray vola

ταμίας

mpivarotra voninkazo

ανθοπώλης

mpanao volo

κομμωτής

mpizara tapakila

ελεγκτής εισιτηρίων

mpahay mekanika

μηχανικός

kapiteny

καπετάνιος

mpitsabo nify

οδοντίατρος

siantifika

επιστήμονας

raby

ραβίνος

imam

ιμάμης

moanina

μοναχός

pretra

ιερέας

fitaovana

εργαλεία

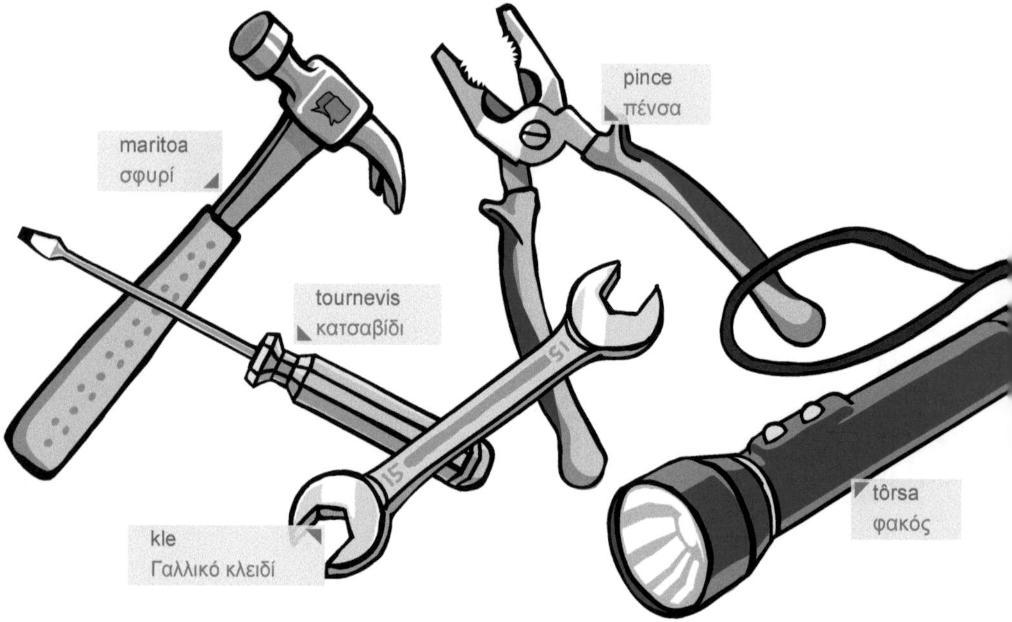

maritoa
σφυρί
pince
πένσα
tournevis
κατσαβίδι
kle
Γαλλικό κλειδί
tôrsa
φακός

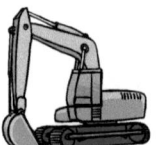

pelleteuse

εκσκαφέας

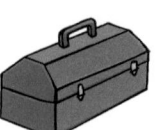

boaty fanisy fitaovana

εργαλειοθήκη

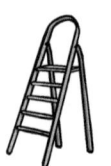

tohatra

σκάλα

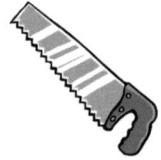

tsofa

πριόνι

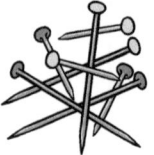

fantsika

καρφιά

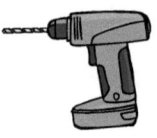

perceuse

τρυπάνι

manarina
επισκευάζω

lapela
φτυάρι

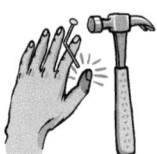

Κyy!
Να πάρει!

angadim-pako
φαράσι

boatin-doko
δοχείο χρωμάτων

visy
βίδες

zava-maneno
μουσικά όργανα

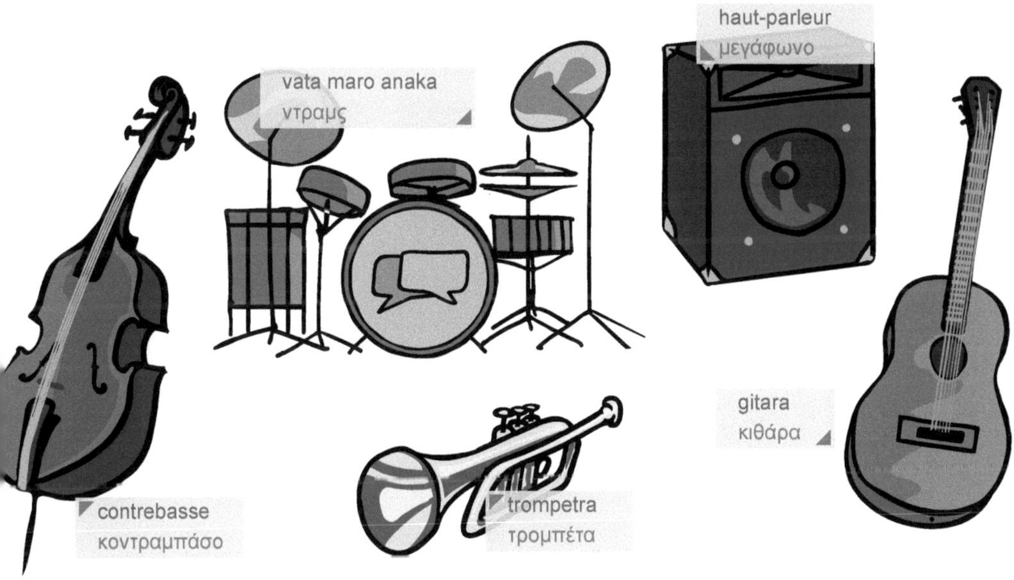

vata maro anaka
ντραμς

haut-parleur
μεγάφωνο

gitara
κιθάρα

contrebasse
κοντραμπάσο

trompetra
τρομπέτα

vata maro afitsoka

πιάνο

lokanga

βιολί

basse

μπάσο

amponga timpani

τύμπανα

aponga

τύμπανο

klavie

πλήκτρα

saksa

σαξόφωνο

sodina

φλάουτο

mikrao

μικρόφωνο

valan-javaboary
ζωολογικός κήπος

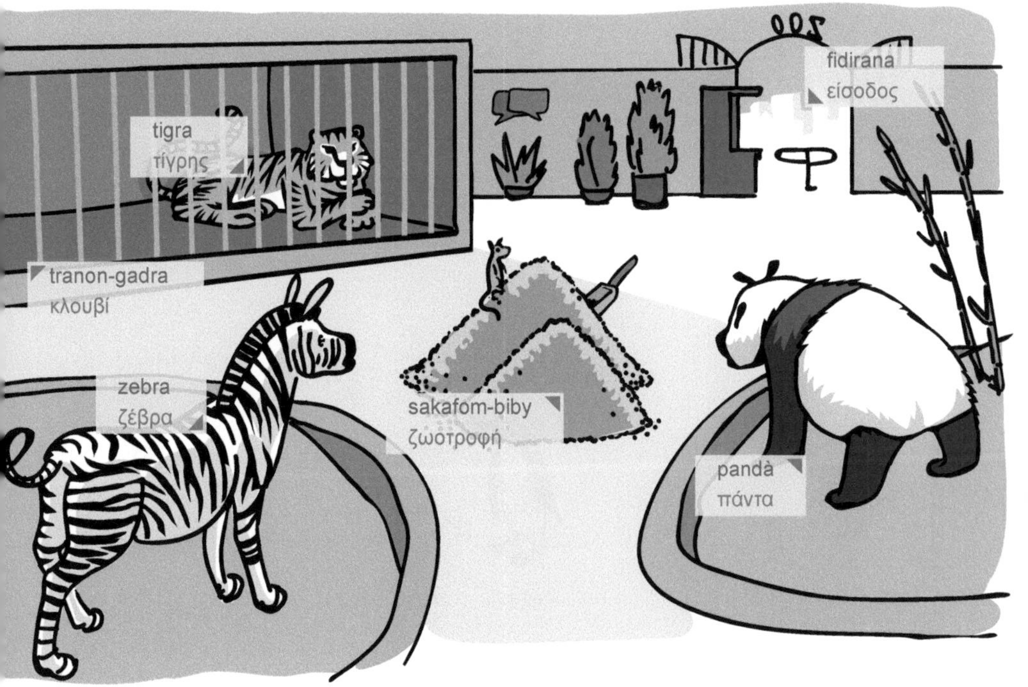
fidirana
είσοδος
tigra
τίγρης
tranon-gadra
κλουβί
zebra
ζέβρα
sakafom-biby
ζωοτροφή
pandà
πάντα

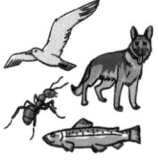

biby

ζώα

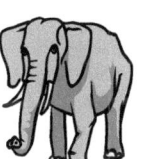

elefanta

ελέφαντας

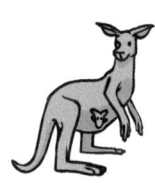

kangoroa

καγκουρό

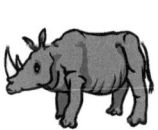

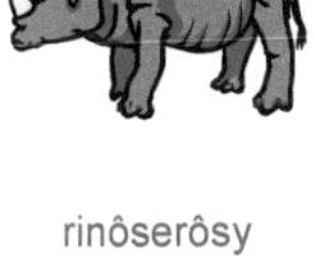

rinôserôsy

ρινόκερος

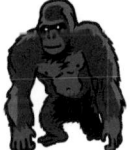

gôrila

γορίλας

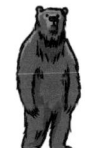

orsa

αρκούδα

rameva

καμήλα

aotrisy

στρουθοκάμηλος

liona

λιοντάρι

rajako

πίθηκος

sama

φλαμίνγκο

boloky

παπαγάλος

orsa polera

πολική αρκούδα

pengoa

πιγκουίνος

atsantsa

καρχαρίας

vorombola

παγώνι

bibilava

φίδι

voay

κροκόδειλος

mpiandry valan-javaboary

φύλακας ζωολογικού κήπου

fôko

φώκια

jagoara

τζάγκουαρ

poney

πόνυ

leopara

λεοπάρδαλη

hipôpôtamo

ιπποπόταμος

zirafa

καμηλοπάρδαλη

voromahery

αετός

lambo

αγριογούρουνο

trondro

ψάρι

sokatra

χελώνα

môrsa

θαλάσσιος ίππος

renard

αλεπού

gazely

γαζέλα

Football amerikana
Αμερικάνικο ποδόσφαιρο

hazakazaka am-bisikileta
ποδηλασία

tennis
αντισφαίριση

baskety
μπάσκετ

lomano
κολύμβηση

hockey an-dranomandi
χόκεϋ επί πάγου

boxe
πυγχαμία

baolina kitra
ποδόσφαιρο

badminton
μπάντμιντον

atletisma
στίβος

handball
χάντμπολ

ski
σκι

polo
πόλο

raharaha

δραστηριότητες

mihomehy
γελάω
ambikina
άω
mamihina
αγκαλιάζω
mandeha
περπατάω
mihira
τραγουδάω
manonofy
ονειρεύομαι
mivavaka
προσεύχομαι
manoroka
φιλάω

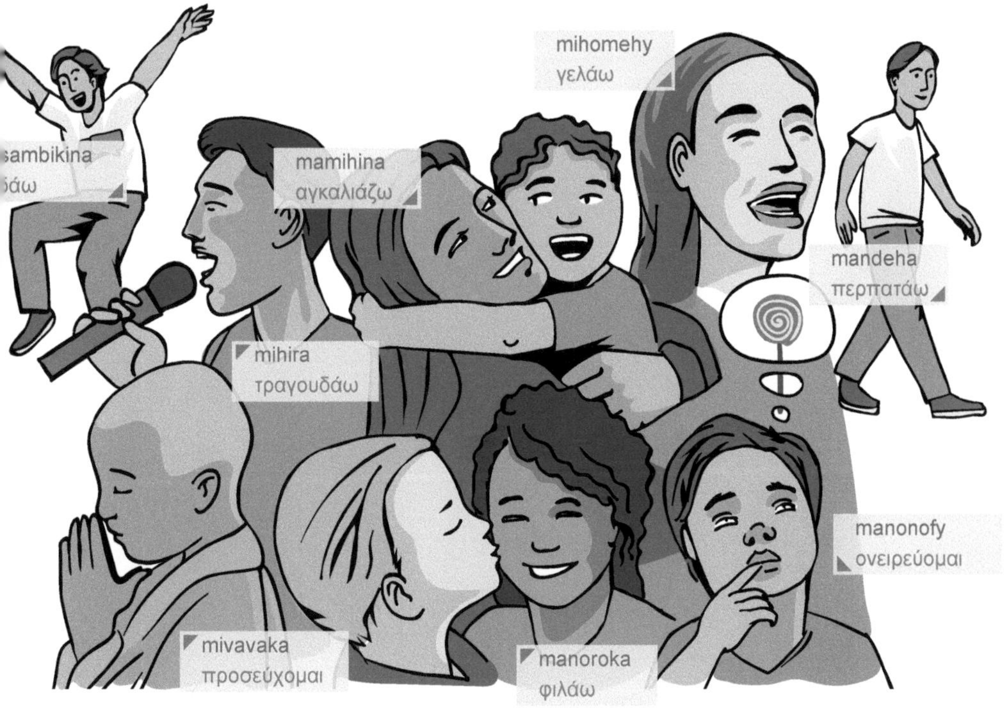

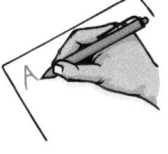

manoratra

γράφω

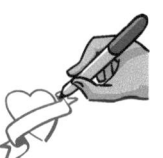

manao sary

σχεδιάζω

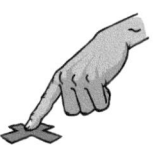

maneho

δείχνω

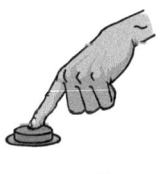

manosika

πιέζω

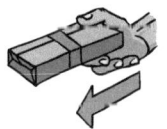

manome

δίνω

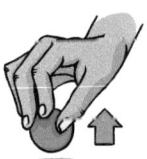

mandray

παίρνω

manana

έχω

manao

κάνω

mizovy

είμαι

mijoro

στέκομαι

mihazakazaka

τρέχω

misintona

τραβάω

manary

ρίχνω

lavo

πέφτω

mandry

ξαπλώνω

miandry

περιμένω

mitondra

κουβαλώ

mipetraka

κάθομαι

miakanjo

φοράω

matory

κοιμάμαι

mifoha

ξυπνάω

mijery

κοιτάω

mitomany

κλαίω

fahatapahan'ny lalan-dra

χαϊδεύω

fiogo

χτενίζω

miresaka

μιλάω

mahay

καταλαβαίνω

milaza

ρωτάω

mihaino

ακούω

misotro

πίνω

mihinana

τρώω

mandamina

συγυρίζω

mitia

αγαπάω

mahandro

μαγειρεύω

mamily

οδηγώ

lalitra

πετάω

miandriaka

κάνω ιστιοπλοΐα

mikajy

υπολογίζω

mamaky

διαβάζω

mianatra

μαθαίνω

miasa

δουλεύω

mivady

παντρεύομαι

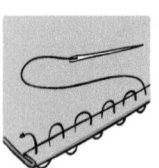

manjaitra

ράβω

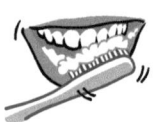

miborosy nify

βουρτσίζω τα δόντια

mamono

σκοτώνω

mifoka

καπνίζω

mandefa

στέλνω

fianakaviana
οικογένεια

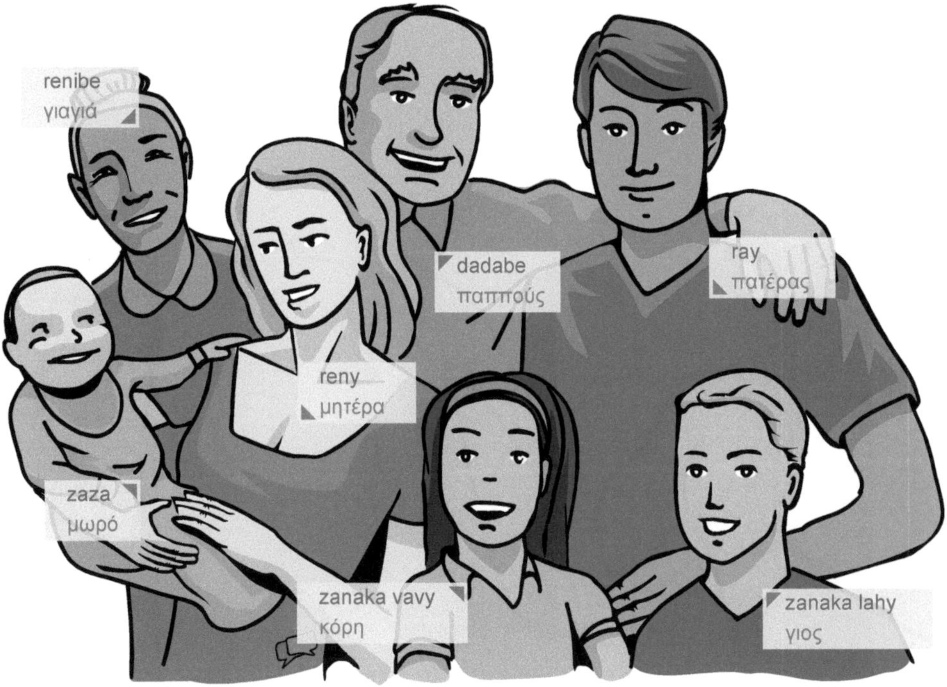

renibe
γιαγιά
dadabe
παππούς
ray
πατέρας
reny
μητέρα
zaza
μωρό
zanaka vavy
κόρη
zanaka lahy
γιος

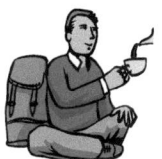

vahiny
καλεσμένος

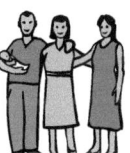

nenitoa
θεία

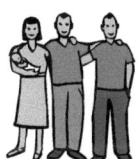

dadatoa
θείος

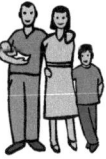

rahalahy
αδελφός

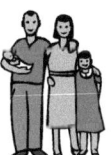

rahavavy
αδελφή

vatana

σώμα

handrina
μέτωπο
maso
μάτι
soroka
ώμος
rantsan-tànana
δάχτυλο
tarehy
πρόσωπο
saoka
πιγούνι
tànana
χέρι
ranjo
πόδι
nono
στήθος
sandry
βραχίονας

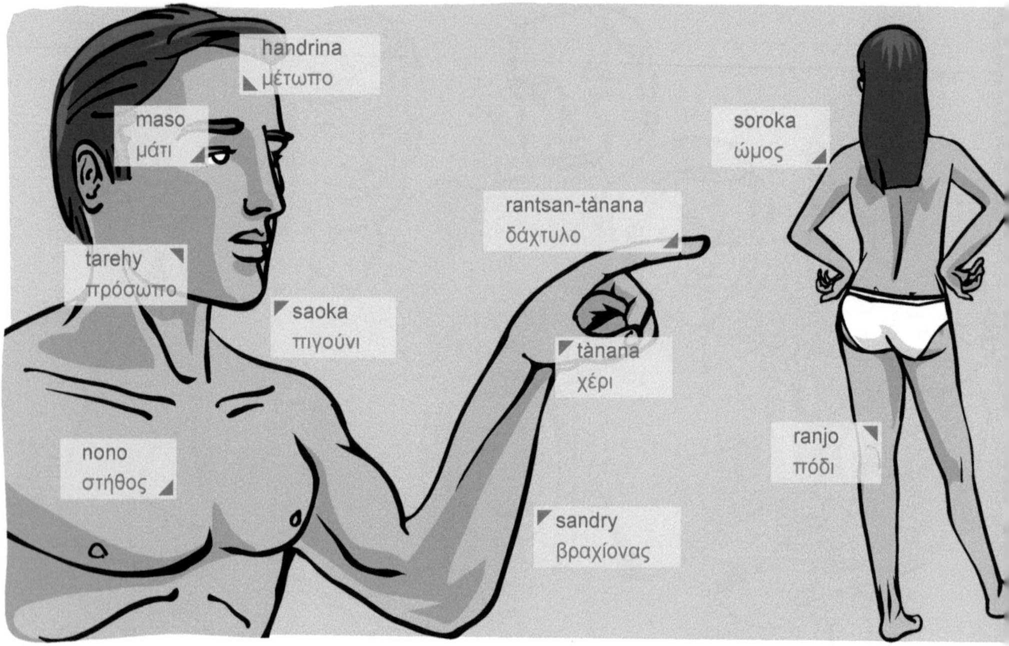

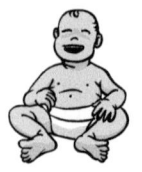

zaza

μωρό

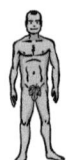

lehilahy

άνδρας

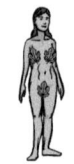

vehivavy

γυναίκα

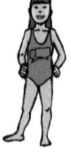

vavy

κορίτσι

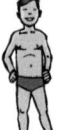

lahy

αγόρι

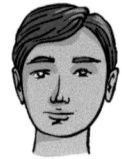

loha

κεφάλι

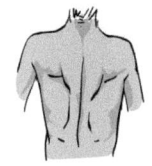

lamosina
πλάτη

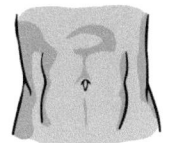

kibo
κοιλιά

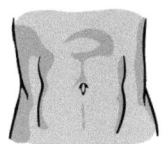

foitra
αφαλός

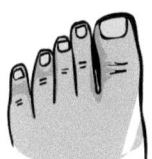

rantsan-tongotra
δάχτυλο ποδιού

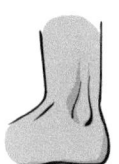

voditongotra
φτέρνα

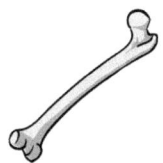

taolana
κόκκαλο

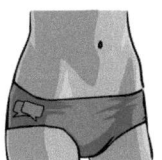

valahana
γοφός

lohalika
γόνατο

kiho
αγκώνας

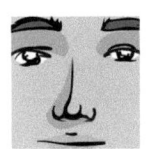

orona
μύτη

vody
γλουτός

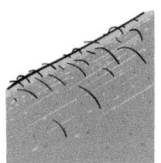

hoditra
δέρμα

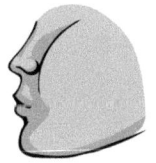

takolaka
μάγουλο

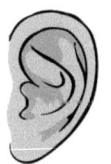

sofina
αυτί

molotra
χείλος

vava

στόμα

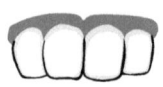

nify

δόντι

lela

γλώσσα

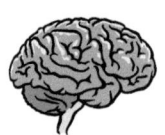

saina

εγκέφαλος

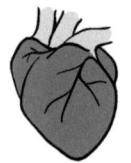

fo

καρδιά

ozatra

μυς

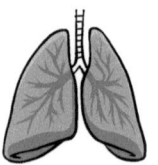

havokavoka

πνεύμονας

aty

συκώτι

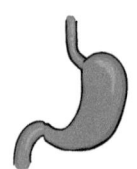

vavony

στομάχι

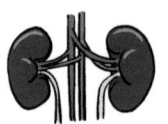

voa

νεφρά

firaisana ara-nofo

σεξουαλική επαφή

fimailo

προφυλακτικό

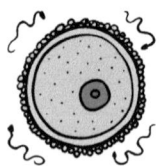

tsirivavy

ωάριο

ranonaina

σπέρμα

vohoka

εγκυμοσύνη

70   vatana - σώμα

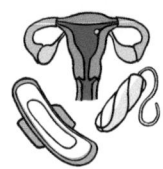

fadimbolana
περίοδος

fivaviana
γυναικείος κόλπος

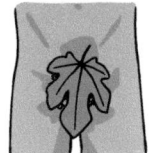

filahiana
πέος

volomaso
φρύδι

volo
μαλλιά

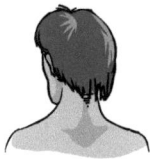

tenda
λαιμός

hopitaly
νοσοκομείο

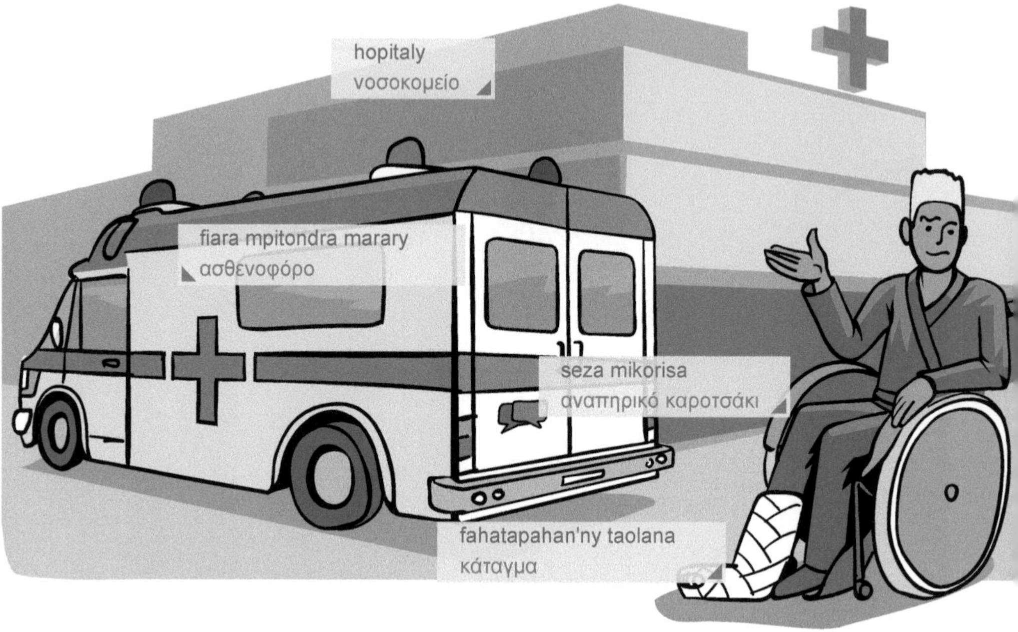

hopitaly
νοσοκομείο
fiara mpitondra marary
ασθενοφόρο
seza mikorisa
αναπηρικό καροτσάκι
fahatapahan'ny taolana
κάταγμα

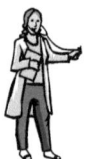

dokotera

γιατρός

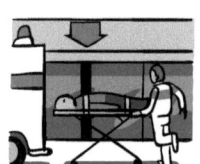

efitra vonjy taitra

μονάδα εντατικής θεραπείας

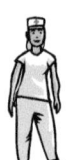

mpitsabo mpanampy

νοσοκόμα

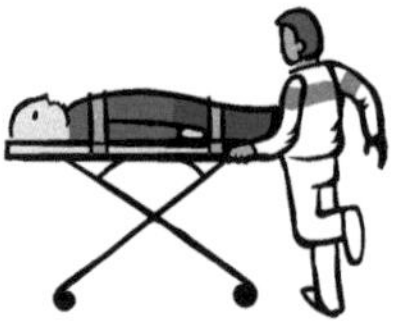

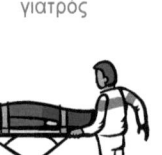

vonjy taitra

έκτακτη ανάγκη

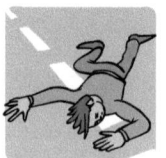

tsy mahatsiaro tena

λιπόθυμος

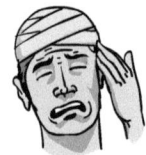

fanaintainana

πόνος

faharatràna

τραύμα

mandeha rà

αιμορραγία

aretim-po

έμφραγμα

ahatapahan'ny lalan-dra

εγκεφαλικό

tsy fahazakana sakafo

αλλεργία

kohaka

βήχας

tazo

πυρετός

gripa

γρίπη

fivalanana

διάρροια

aretin'an-doha

πονοκέφαλος

homamiadana

καρκίνος

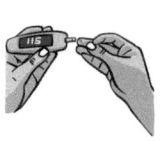

diabeta

διαβήτης

dokotera mpandidy

χειρουργός

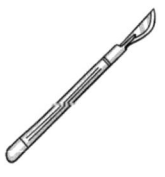

antsy fandidiana

νυστέρι

fandidiana

εγχείρηση

TC
αξονική τομογραφία

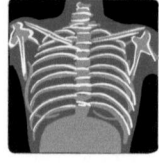

taratra X
ακτινογραφία

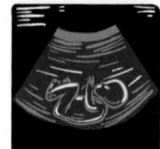

ekôgrafia
υπέρηχος

saron-tava
μάσκα

aretina
ασθένεια

efitrano fiandrasana
αίθουσα αναμονής

tehina
πατερίτσα

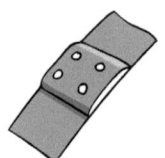

taha fery
χάνσαπλαστ

bandy
επίδεσμος

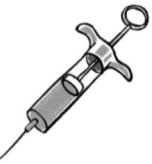

tsindrona
ένεση

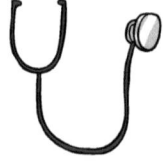

stetoskopy
στηθοσκόπιο

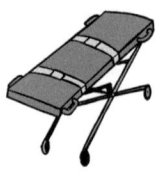

filanjana marary
φορείο

fitaovana fitsapana
hafanana
θερμόμετρο

fahaterahana
γέννηση

hatavezana tafahoatra
υπέρβαρο

taovana fandrenesana

ακουστικό βαρηκοΐας

famonoana mikraoba

αντισηπτικό

fifindràna aretina

λοίμωξη

viriosy

ιός

VIH / SIDA

HIV/AIDS

fitsaboana

φάρμακο

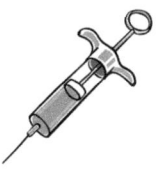

vaksiny

εμβολιασμός

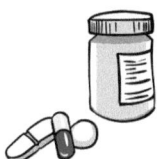

pilina

δισκία

pilina

χάπι

antso vonjy taitra

λήση έκτακτης ανάγκης

fitaovana fitsapana tosi-drà

πιεσόμετρο αίματος

marary / salama

άρρωστος / υγιής

Vonjeo!

Βοήθεια!

antso fanairana

συναγερμός

herisetra

βιαιοπραγία

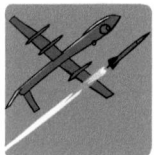

vono

επίθεση

loza

κίνδυνος

fivoahana raha misy loza

έξοδος κινδύνου

Afo!

Φωτιά!

fitaovam-pamonoana afo

πυροσβεστήρας

loza

ατύχημα

fitaovam-pitsaboana
vonjimaika

κουτί πρώτων βοηθειών

SOS

SOS

pôlisy

αστυνομία

Eoropa

Ευρώπη

Amerika avaratra

Βόρεια Αμερική

Amerika atsimo

Νότια Αμερική

Afrika

Αφρική

Azia

Ασία

Aostralia

Αυστραλία

Atlantika

Ατλαντικός Ωκεανός

Pasifika

Ειρηνικός Ωκεανός

Ranomasimbe Indiana

Ινδικός Ωκεανός

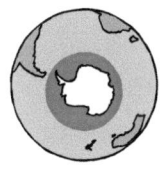

Oseana Antarktika

Ανταρκτικός Ωκεανός

Oseana Arktika

Αρκτικος Ωκεανός

Tendrotany avaratra

Βόρειος Πόλος

Tendrotany atsimo

Νότιος Πόλος

Antarktika

Ανταρκτική

tany

Γη

tany

γη

ranomasina

θάλασσα

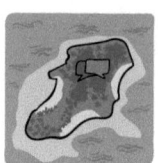

nosy

νησί

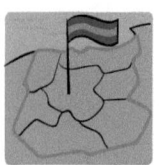

tanindrazana

έθνος

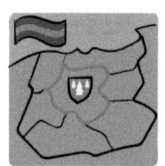

firenena

πολιτεία

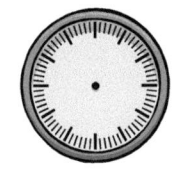

avam-pamantaranandro

καντράν ρολογιού

tondro ora

ωροδείκτης

tondro minitra

λεπτοδείκτης

tondro segondra

δείκτης δευτερολέπτων

Amin'ny firy izao?

Τι ώρα είναι;

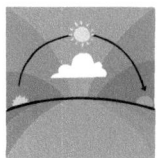

andro

ημέρα

fotoana

χρόνος

izao

τώρα

famantaranandro niomerika

ψηφιακό ρολόι

minitra

λεπτό

ora

ώρα

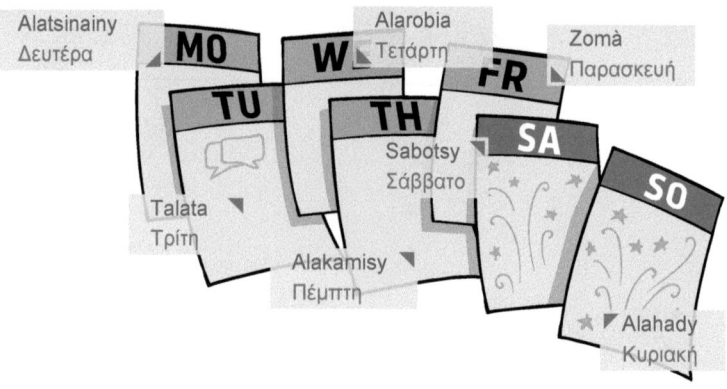

Alatsinainy
Δευτέρα

Alarobia
Τετάρτη

Zomà
Παρασκευή

Talata
Τρίτη

Sabotsy
Σάββατο

Alakamisy
Πέμπτη

Alahady
Κυριακή

omaly

χθες

androany

σήμερα

ampitso

αύριο

maraina

πρωί

atoandro

μεσημέρι

hariva

βράδυ

adro fiasàna

εργάσιμες ημέρες

faran'ny herinandro

Σαββατοκύριακο

taona

έτος

orana
βροχή
avana
ουράνιο τόξο
ranomandry
χιόνι
rivotra
άνεμος
lohataona
άνοιξη
fararano
φθινόπωρο
vanin-taona maina
καλοκαίρι
ririnina
χειμώνας

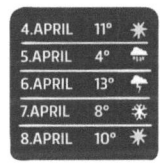

4.APRIL 11°
5.APRIL 4°
6.APRIL 13°
7.APRIL 8°
8.APRIL 10°

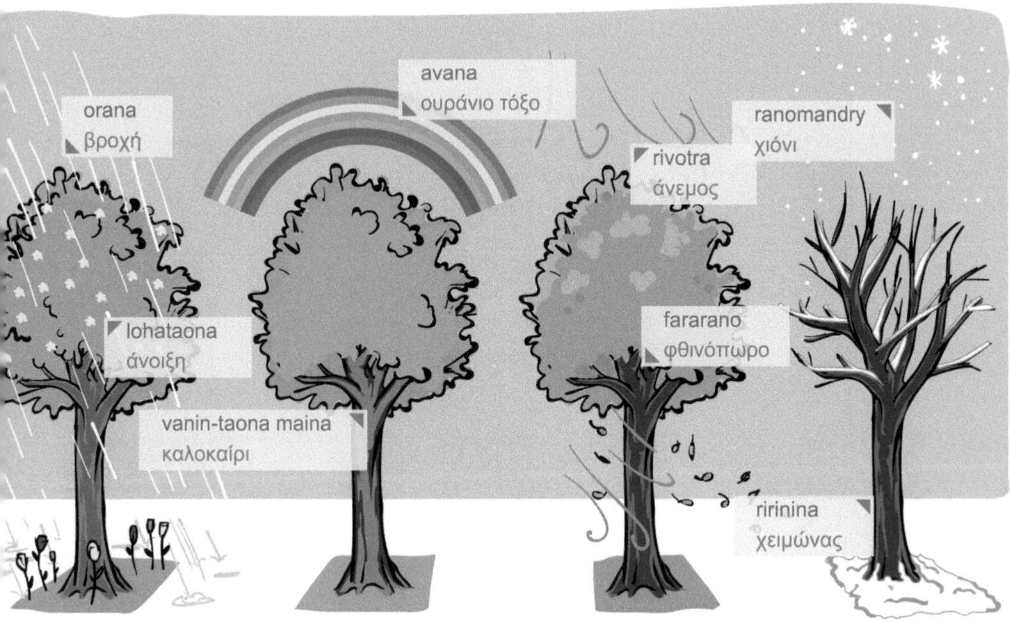

vinavina ara-toetrandro

πρόγνωση καιρού

F C
120 40
90 30
60 20
30 10
0 0
-30 -10
-20

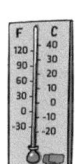

thermomètre

θερμόμετρο

tara-masoandro

λιακάδα

rahona

σύννεφο

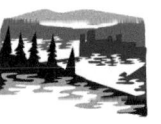

zavona

ομίχλη

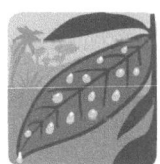

hamandoana

υγρασία

tselatra

αστραπή

kotroka

κεραυνός

tafio-drivotra

καταιγίδα

havandra

χαλάζι

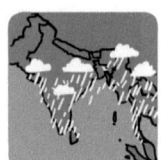

fahavaratra

μουσώνας

tondra-drano

πλημμύρα

vaingan-drano

πάγος

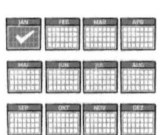

Janoary

Ιανουάριος

Febroary

Φεβρουάριος

Martsa

Μάρτιος

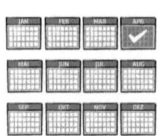

Avrila

Απρίλιος

Mey

Μάιος

Jiona

Ιούνιος

Jolay

Ιούλιος

Aogositra

Αύγουστος

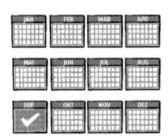

Septambra
Σεπτέμβριος

Oktobra
Οκτώβριος

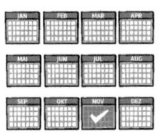

Novambra
Νοέμβριος

Desambra
Δεκέμβριος

endrika
σχήματα

boribory
κύκλος

efamira
τετράγωνο

efajoro
ορθογώνιο
παραλληλόγραμμο

telozoro
τρίγωνο

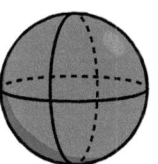

bola
σφαίρα

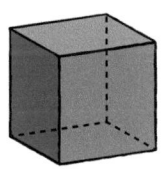

goba
κύβος

fotsy

άσπρο

mavo

κίτρινο

laoranjy

πορτοκαλί

mavokely

ροζ

mena

κόκκινο

voloparasy

μωβ

manga

μπλε

maitso

πράσινο

volotany

καφέ

volondavenona

γκρι

mainty

μαύρο

betsaka / vitsy

πολύ / λίγο

tezitra / tony

θυμωμένος / ήρεμος

tsara / ratsy

όμορφος / άσχημος

fiandohana / fiafarana

αρχή / τέλος

lehibe / kely

μεγάλος / μικρός

mazava / maloka

φωτεινός / σκοτεινός

rahalahy / rahavavy

αδελφός / αδελφή

madio / maloto

καθαρός / λερωμένος

feno / banga

πλήρης / ατελής

andro / alina

ημέρα / νύχτα

maty / velona

νεκρός / ζωντανός

malalaka / tery

φαρδύς / στενός

azo hanina / tsy fihinana

βρώσιμος / μη βρώσιμος

tsivalahara / tsara fanahy

κακός / ευγενικός

endratra / sorena

ενθουσιασμένος / βαριεστημένος

matavy / mahia

παχύς / λεπτός

voalohany / farany

πρώτος / τελευταίος

mpinamana / mpifahavalo

φίλος / εχθρός

feno / foana

γεμάτος / άδειος

mafy / malefaka

σκληρός / μαλακός

mavesatra / maivana

βαρύς / ελαφρύς

noana / mangetaheta

πείνα / δίψα

marary / salama

άρρωστος / υγιής

tsy ara-dalàna / ara-dalàna

παράνομος / νόμιμος

mahay / vendrana

έξυπνος / χαζός

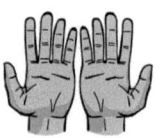

havia / havanana

αριστερός / δεξιός

akaiky / lavitra

κοντινός / μακρινός

vaovao / tranainy

καινούριος / μεταχειρισμένος

tsy misy / misy

τίποτα / κάτι

antitra / tanora

γέρος | νέος

mandeha / maty

αναμμένος / σβηστός

mivoha / mihidy

ανοιχτός / κλειστός

mangina / mitabataba

χαμηλόφωνος / μεγαλόφωνος

anankarena / mahantra

πλούσιος / φτωχός

marina / diso

σωστός / λανθασμένος

marokoroko / malama

τραχύς / λείος

malahelo / faly

υπημένος / χαρούμενος

fohy / lava

κοντός / μακρύς

mora / faingana

αργός / γρήγορος

mando / maina

υγρός / στεγνός

mafana / mangatsiaka

ζεστός / δροσερός

ady / fahalemana

πόλεμος / ειρήνη

0

aotra

μηδέν

1

iray

ένα

2

roa

δύο

3

telo

τρία

4

efatra

τέσσερα

5

dimy

πέντε

6

enina

έξι

7

fito

εφτά

8

valo

οκτώ

9

sivy

εννιά

10

folo

δέκα

11

iraikambinifolo

έντεκα

12

roambinifolo

δώδεκα

13

teloambinifolo

δεκατρία

14

efatrambinifolo

δεκατέσσερα

15

dimiambinifolo

δεκαπέντε

16

eninambinifolo

δεκαέξι

17

fitoambinifolo

δεκαεφτά

18

valoambinifolo

δεκαοκτώ

19

siviambinifolo

δεκαεννέα

20

roapolo

είκοσι

100

zato

εκατό

1.000

arivo

χίλια

1.000.000

tapitrisa

εκατομμύριο

Anglisy

Αγγλικά

Anglisy amerikana

Αμερικάνικα Αγγλικά

Fiteny sinoa mandarina

Μανδαρίνικα Κινέζικα

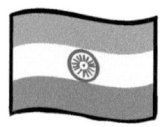

Hindi

Χίντι

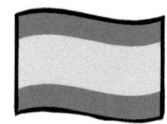

Espaniola

Ισπανικά

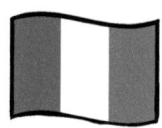

Frantsay

Γαλλικά

Fiteny arabo

Αραβικά

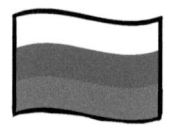

Fiteny rosiana

Ρώσικα

Portogey

Πορτογαλικά

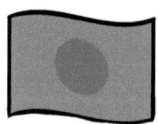

Bengaly

Μπενγκάλι

Alemà

Γερμανικά

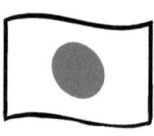

Japoney

Ιαπωνικά

izaho

εγώ

ianao

εσύ

izy / io

αυτός / αυτή / αυτό

isika

εμείς

ianao

εσείς

zareo

αυτοί / αυτές / αυτά

iza?

ποιος / ποια / ποιο;

inona?

τι;

ahoana?

πώς;

aiza?

πού;

oviana?

πότε;

anarana

όνομα

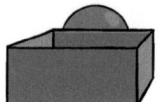

aorina

πίσω

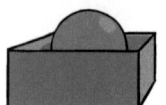

anaty

μέσα

anoloana

μπροστά

any

πάνω από

ambony

πάνω

ambany

κάτω

ankila

δίπλα

afovoany

ανάμεσα

toerana

μέρος